RACCONTINI SIMPATICI

A graded reader for advanced beginning students

Liliana Briefel

Editorial Advisor
Mary LaPorta Aulicino

National Textbook Company
a division of NTC/CONTEMPORARY PUBLISHING GROUP
Lincolnwood, Illinois USA

A Note to Students

You have moved up to a level where reading a second language can be enjoyable as well as educational. The book you are going to read, whether it is in Spanish, French, German, or Italian, will not only provide you with hours of reading enjoyment, it will also give you the confidence that you are growing in the language you have chosen to study.

The tales in this series have been largely written with a humorous bent, and most of them may be read within a single class period. Grammar and vocabulary have been specially tailored to your level, so that you can understand and enjoy the readings with a normal amount of effort.

After you have finished these humorous stories, you will want to read all the books in the set for your language. There is a total of four sets. In Spanish, you will find *Diálogos simpáticos, Cuentitos simpáticos,* and *Cuentos simpáticos;* in French, *Dialogues sympathiques, Petits contes sympathiques,* and *Contes sympathiques;* in German, *Lustige Dialoge, Lustige Geschichten,* and *Spannende Geschichten;* and in Italian, *Dialoghi simpatici, Raccontini simpatici,* and *Racconti simpatici.*

The dialogues and stories in these books have all been recorded on cassette tapes, so that both your reading ability *and* your listening comprehension are developed through these sets.

Whatever language you are studying, the books and tapes in this series offer you a great deal to learn and enjoy.

ISBN: 0-8442-8048-8

Published by National Textbook Company,
a division of NTC/Contemporary Publishing Group, Inc.,
4255 West Touhy Avenue,
Lincolnwood (Chicago), Illinois 60646-1975 U.S.A.

8 9 VP 9 8 7

Introduction

Raccontini simpatici meets the criteria of a comprehensive graded reader for advanced beginning students of Italian. The fifteen stories included are written in a humorous vein and are replete with cultural references to modern Italy.

These lively *raccontini* are accompanied by a variety of well-constructed exercises that test and develop comprehension and promote conversation. The structures presented in the exercises provide for the development of writing skills by progressing from simple to increasingly complex forms.

The cultural notes throughout the text serve as an impetus to further explore the culture and heritage of Italy.

It has been my experience that pupils lose interest in stories that cannot be completed within a single class period. Therefore, each of these stories is short enough—between 250 and 300 words—to enable the average student to complete the reading within a forty-minute class period.

The vocabulary is of very high frequency, so that there is a strong correlation between *Raccontini simpatici* and the popular basal textbooks. In addition, the stories expose the student to current daily idioms, so that when they reach the plateau of reading literary passages, they will enjoy them even more because they will be better prepared to understand them.

Each story has its own marginal vocabulary for instant recognition of new words, idioms, and difficult verb forms. To further aid the student in comprehension, the end vocabulary lists all the words used throughout the stories.

The grammatical content of each story is indicated in the table of contents for best possible use of the stories in conjunction with the basal text used.

There is a wealth of varied, graded exercises for the pupil to develop the skills needed for reading comprehension, conversational ability, and writing stimulus. These exercises present a reasonable challenge to pupils on all levels of ability. The information necessary for arriving at most of the correct answers is presented within the stories, therefore, the students are spared the drudgery of constantly having to consult their basal texts.

The exercises fall into two groups. The first group immediately follows the story to test comprehension on a passive level by means of multiple choice, true-false, matching, etc. On an active level, the questions on the text in Italian promote written and oral free expression by requiring individual answers.

The second group of exercises, which appears at the end of the book in an appendix, consists of 1) vocabulary exercises—cognates, synonyms, antonyms, word families, and definitions—to expand vocabulary power of words used in the stories; 2) pattern drills for the mastery of idioms and structures; 3) varied verb drills to develop knowledge and reinforcement of verb tenses and moods; 4) writing stimulus exercises to enable the student to actively employ the vocabulary and grammar he or she has learned; 5) review exercises to further reinforce material previously learned.

The stories in *Raccontini simpatici* serve as reading and cultural experiences for the student while the exercises serve as a broadening and enforcing experience in using and learning vocabulary, structure, and verb forms. For the slower student or class, the humorous readings can serve as a springboard to the strengthening of vocabulary through the exercises, to the understanding of the structures and verb forms outside the basal text. These students may well welcome these exercises because they are not associated with their classroom text. Above average students can use the book as a device to progress further in their acquired skills. For individualized instructional programs, the book is a valuable supplementary source to the student for further practice in structures and verbs and in strengthening vocabulary.

Once students have completed *Raccontini simpatici,* they will surely enjoy *Racconti simpatici,* a graded reader for intermediate students of Italian.

Cassette tapes of the readings in *Raccontini simpatici* are now available to serve a variety of learning objectives. The tapes may be used to introduce the stories before they are actually read or to review them once a lesson has been completed. These recorded readings also "sensitize" students to the sounds and rhythms of naturally spoken Italian. Of course, the cassettes offer invaluable listening-comprehension practice, which, combined with the reading, writing, and speaking exercises in the book, help make *Raccontini simpatici* a complete program for the development of all language skills.

Liliana Briefel

Contents

1. Una lingua straniera

Fido ha due anni. È il cane più intelligente di Roma.
Il primo giorno di scuola esce° di casa alle otto di
mattina. Desidera arrivare presto a scuola. È un cane
molto ambizioso. La madre chiede° al figlio:

   —A che ora ritorni oggi, cucciolo° mio?

   —Ritorno a casa subito dopo la scuola, all'una—
risponde Fido; saluta° la madre e va a scuola. Mentre
Fido è a scuola, la mamma che s'interessa molto all'
educazione del figlio, guarda di tanto in tanto°
l'orologio.

   A mezzogiorno e mezzo apre la finestra ed aspetta
al balcone il ritorno del figlio.

   All'una in punto° Fido arriva davanti al portone.°
Entra, corre su per le scale e trova la madre davanti
alla porta di casa.

esce goes out

chiede asks

cucciolo puppy

saluta says goodbye

di tanto in tanto once in a while

in punto on the dot
portone door of the building

1

—Buon giorno, Fido! —

—Miao, miao! —dice Fido, imitando un gatto.

—Ma che dici, Fido mio? —chiede la madre—perché imiti un gatto? Non sai° più abbaiare° come tutti noi?

sai (sapere) you know
abbaiare to bark

—Ma sì che so abbaiare—risponde il cucciolo—È che desidero mostrarti° quanto sono intelligente. Quest'anno a scuola impariamo una lingua straniera.° Vedi, io so già dire le prime parole: *miao, miao.*

mostrarti to show you
straniera foreign

Cultural Notes

In Italia le scuole cominciano alle otto e mezzo e finiscono alle dodici e mezzo.

I. Answer the following questions in complete Italian sentences.

1. Come si chiama il cucciolo?
2. Quanti anni ha?
3. Come è Fido?
4. A che ora va a scuola?
5. Quando ritorna a casa?
6. Perché la madre guarda l'orologio?
7. Chi dice: "Miao, miao"?
8. Fido sa abbaiare?
9. Che cosa impara a scuola?
10. Dov'è la madre?

II. Conversation stimulus.

1. Come ti chiami tu?
2. Quanti anni hai?
3. A che ora arrivi a scuola?
4. A che ora ritorni a casa?·
5. Impari una lingua straniera?
6. Che lingua parli a casa?

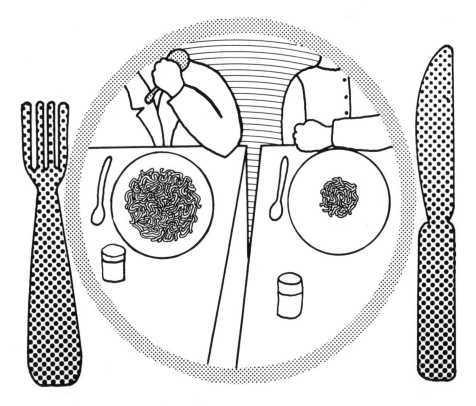

2. La pubblicità

Camminando per via Santa Lucia[1] noto, ad una tavola all'aperto d'una trattoria,° un signore che sta man- **trattoria** small restaurant
giando una grande porzione di spaghetti. Fuori° tutte **fuori** outside
le tavole sono occupate e siccome° ho fame e sete,° **siccome** since / **aver fame e sete** to be hungry and thirsty
entro nella trattoria e mi siedo° ad una tavola libera. **mi siedo** I sit down

Il cameriere s'avvicina e gentilmente mi dice:

—Posso° consigliarle un buon piatto di pesce, o **posso (potere)** may I
della buona carne?

—No, grazie. Per favore, mi porti subito una
bottiglia d'acqua minerale perché ho sete, e poi mi
porti una buona porzione di spaghetti perché ho
molta fame.

Dopo pochi minuti il cameriere mi mette davanti
un piatto, ma ahimè° un piatto con pochi spaghetti. **ahimè** alas

3

La mia fame è grande, ma la porzione è piccola.
Subito mi nasce un sospetto.°

mi nasce un sospetto I begin to suspect

—Scusi! Quell'uomo seduto là fuori ha una grande
porzione di spaghetti. Paga più di me? ° Guardi che

più di me more than I do

io non sono uno straniero. Mi chiamo Giovanni Fiori e
sono di Napoli. State tentando d'ingannarmi.° Dov'è

ingannarmi to cheat me

il proprietario? Desidero parlargli!

—L'assicuro—risponde il cameriere—che non in-
ganniamo nessuno. Lei non ha ragione° di pensarlo.

ha ragione are right

Ma Lei non può°parlare con il proprietario. È occupato.

può can't

È quello che sta mangiando la grande porzione di
spaghetti.

Cultural Note

[1] Santa Lucia è il nome di un piccolo porto nella golfo di Napoli, dove ci sono famosi ristoranti in cui cibo locale, in particolare pesce, è servito; e dove canzoni popolari napoletane sono cantate con l'accompagnamento di chitarre e mandolini.

I. Complete the sentences in column A with the proper segment of column B.

A	B
1. Giovanni sta passando	a. desiderano ingannarlo.
2. Giovanni vede un signore	b. di spaghetti.
3. Ordina un piatto	c. la grande porzione.
4. Ha sete e chiede	d. davanti ad una trattoria.
5. La porzione non è	e. con il proprietario.
6. Giovanni pensa che	f. molto grande.
7. Desidera parlare	g. una bottiglia d'acqua minerale.
8. Il proprietario sta mangiando	h. vicino all'entrata.

II. Answer the following questions in complete Italian sentences.

1. Giovanni Fiori è napoletano o romano?
2. Dov'è seduto il proprietario della trattoria?
3. Giovanni ordina una porzione grande o piccola di spaghetti?
4. Perché Giovanni ordina una bottiglia d'acqua minerale?
5. Giovanni trova una tavola libera dentro o fuori?

4

6. È soddisfatto della porzione di spaghetti?
7. Che cosa crede?
8. Chi sta mangiando molti spaghetti? Il cameriere, il proprietario o Giovanni?

III. Conversation stimulus.

1. Tu sei italiano o americano?
2. Dove sei seduto?
3. Che cosa ordini quando hai sete?
4. Com'è il tuo appetito?
5. Desideri parlare italiano?
6. Il tuo professore cerca d'ingannarti o d'aiutarti?
7. Dov'è Napoli?
8. Ti piace il pesce?

Santa Lucia

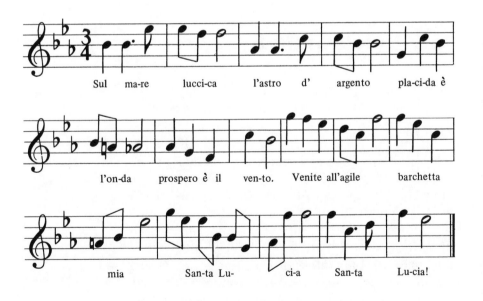

Sul ma-re lucci-ca l'astro d' argento pla-ci-da è

l'on-da prospero è il ven-to. Venite all'agile barchetta

mia San-ta Lu- ci-a San-ta Lu-cia!

3. Il telegramma

Mario è un bel ragazzo che vive con la famiglia in un piccolo paese in Lombardia.[1] È un ragazzo sportivo, gioca a tennis, a calcio° e va spesso a sciare° in montagna. È anche un ragazzo molto intelligente e, finito il liceo,° decide di continuare gli studi all'Università di Padova.[2] Mario va a Padova pieno di buone intenzioni. Prende in affitto un piccolo appartamento vicino all'università. È la prima volta che vive da solo.°

    Conosce° molti studenti, alcuni che s'interessano di politica, altri di sport. Così comincia a frequentare i comizi° dei differenti partiti. La domenica° va allo stadio a vedere le partite di calcio, continua ad andare a sciare, ma non pensa più a studiare. Si diverte un mondo,° ha un sacco° di amici e le ragazze l'ammirano.

calcio soccer
sciare to ski

liceo high school

da solo alone

conosce meets

comizi meetings
la domenica on Sundays

si . . . un mondo has a great time
sacco lots

6

Arrivato il momento degli esami non si diverte più.
Non passa agli esami di biologia, storia e matematica.
E veramente preoccupato perché ha paura° di suo   **ha paura** he is afraid
padre che è molto severo. Manda una lettera al
fratello con la preghiera° di preparare il padre alla   **preghiera** request
cattiva notizia. Due giorni dopo riceve un telegramma:
"Papà è preparato, ma tu sei preparato? "

Cultural Notes

[1] L'Italia è divisa in 20 regioni. La Lombardia. Capoluogo: Milano.
Superficie: 23.804 Kmq.

[2] L'Università di Padova è un'antica università fondata nel 1222. Galileo Galilei ha insegnato in questa università.

I. Arrange the Italian words in parentheses to form complete sentences.

1. Mario è (calcio, a, un ragazzo, e gioca, sportivo).
2. Mario va spesso (in, sciare, a, montagna).
3. Finito il liceo (di, continuare, studi, decide, gli).
4. Milano è una (nel, Italia, città, nord, grande, d').
5. (si diverte, non, più) quando arriva il momento degli esami.
6. Ha paura (suo padre, di, molto severo, è, che).
7. Scrive una lettera (per, suo fratello, a, padre, preparare, il).
8. Il fratello (giorni, manda, un, dopo, telegramma, due).

II. Answer the following in complete Italian sentences.

1. Com'è Mario?
2. A che cosa gioca?
3. Chi l'ammira?
4. Si diverte agli esami?
5. Passa all'esame di matematica?
6. A chi scrive una lettera?
7. Di chi ha paura?
8. Quando riceve un telegramma?

III. Conversation stimulus.
1. Tu sei sportivo?
2. Partecipi alle partite della tua scuola?
3. Chi ammiri di più, tuo padre, tua madre, un amico, un'amica?
4. Sei preparato quando arriva il momento degli esami?
5. Che voti ricevi in matematica?
6. Desideri continuare gli studi all'università?
7. Ti piace scrivere lettere?
8. Ricevi mai un telegramma?
9. Galileo Galilei era un artista, uno scienziato o un compositore?
10. Conosci il gioco del calcio?

4. Cortesia o intelligenza?

La signora Barra va a fare una visita ad una sua amica,
la signora Grassi. Il figlio Carletto, ancora troppo
piccolo per andare a scuola, accompagna la madre.

Per far divertire° il bambino, la signora Barra dà
a Carletto un mazzo di carte.° Il ragazzino ringrazia
e comincia a giocare. Fa bel tempo,° ma fa troppo
caldo in casa. Vanno fuori in terrazza. Le due signore
prendono una tazzina di caffè e chiacchierano° di
vestiti, cappelli e delle loro amiche.

Su un tavolino c'è una scatola di dolci.° Carletto
smette° di giocare, e guarda i cioccolattini e i tor-
roncini° senza fare il minimo rumore, senza dire
parola.

La signora Grassi nota che Carlo guarda i dolci, ma
non li tocca. Prende la scatola in mano e l'offre al

par far divertire in order to amuse
un mazzo di carte deck of cards
fa bel tempo it is nice weather
chiacchierano chat
dolci candy
smette stops
torroncini Italian candy

bambino. Il bambino continua a tenere le carte in
mano e a guardare i dolci.

—Non ti piacciono? —domanda la signora gentilmente.

—Ma sì, moltissimo! —risponde Carletto con un
sospiro.°

sospiro sigh

—Allora te li do io° —continua la signora—capisco
che è per cortesia che non li prendi!

te li do io I shall give them to you myself

Mette la mano nella scatola e tira fuori° una
manciata di dolci. Il ragazzo finalmente lascia cadere°
le carte ed accetta i cioccolattini con gioia.

tira fuori pulls out

lascia cadere drops, lets fall

—Grazie signora, mille grazie—dice facendo un bel
sorriso—Ma non è per cortesia che non prendo i dolci
da me.° Ho la mano troppo piccola, e la Sua . . . . .
è tanto più grande della mia.

da me by myself

I.   Indicate whether each statement is true or false, reply in complete
     correct sentences.

1.   La signora Barra va a fare una visita a Carletto.
2.   Carletto va con sua madre perché è un bambino cortese.
3.   Il ragazzo gioca con le carte.
4.   Le signore non prendono il caffè in casa perché fa caldo.
5.   Il bambino guarda le carte.
6.   La madre offre i dolci a Carletto.
7.   A Carlo piacciono i dolci.
8.   Carletto non prende i dolci dalla scatola perché la mano della signora è più
     piccola della sua.

II. Answer the questions in complete Italian sentences.

1.   Perché Carlo accompagna sua madre?
2.   Con che cosa gioca il bambino?
3.   Perché sono tutti in terrazza?
4.   Di che cosa parlano le signore?
5.   Carletto è intelligente?
6.   La signora tira fuori pochi o molti dolci dalla scatola?
7.   Perché Carletto lascia cadere le carte?
8.   Perché non prende lui i dolci?

10

III. Conversation stimulus.

1. Con chi vai tu?
2. Che cosa fai dopo la scuola, studi o giochi a carte?
3. Ti piace di più il caffè, il tè o il latte?
4. Che cosa preferisci fare: giocare a palla, suonare la chitarra o ballare?
5. Smetti di giocare quando hai fame o quando hai da studiare?
6. Ti piacciono i dolci?
7. Ti piace studiare?
8. La tua mano è più grande o più piccola della mano di tuo padre?

5. Il ciarlatano

Il dottor Castro ha pochissimi pazienti. Un giorno l'infermiera° gli annunzia che finalmente c'è un paziente nella sala d'aspetto.°

   —Lo lasci rimanere lì per un pó—dice il dottore—così crederà° che ho molti pazienti.

Dopo trenta minuti il cliente entra nello studio del dottore.

Il dottore:—Prego, s'accomodi! Mi dica che cosa ha!

Il malato:—Non mi sento bene, ho sempre mal di testa e non posso sopportare° la luce del sole.

Il dottore:—Apra la bocca! (Il signore apre la bocca.)

Dopo aver guardato attentamente la lingua, dice:

infermiera nurse

sala d'aspetto waiting room

crederà he will believe

non posso sopportare I can't stand

—È cosa da poco!° La mia diagnosi è che Lei dorme troppo. Lei deve fare delle lunghe passeggiate tutti i giorni al posto del solito riposino pomeridiano.°

è cosa da poco it's a mere trifle

pomeridiano in the afternoon

—Non posso, dottore. La luce del sole mi dà fastidio.°

mi dà fastidio it bothers me

—E va bene, le faccia° di notte.

le faccia take them

—Ma io già cammino molto. . . .

—Ebbene, deve camminare di più.

—Ma dottore, il mio lavoro. . . .

—Se il suo lavoro non le permette di fare quattro passi,° cambi lavoro.

fare quattro passi to take a short walk

—Ma, dottore. . . .

—Senta, se Lei ne sa più di me° perché viene a farsi visitare da me? Ma Lei che fa? L'ingegnere, l'avvocato,° il commerciante?

più di me more than me

avvocato lawyer

—No, dottore. Faccio la guardia notturna.°

guardia notturna night watchman

—Mi faccia vedere la lingua un'altra volta!

I. Complete these sentences with one of the words in parentheses.

1. Questo dottore è disonesto perché cerca di (aspettare, ingannare, guardare) i pazienti.

2. Il malato aspetta (mezz'ora, un'ora, molto).

3. Il paziente ha (paura, caldo, dolor di testa).

4. Non si sente bene quando (fa una passeggiata, apre la bocca, guarda la luce del sole).

5. Il dottore esamina la (lingua, testa, bocca) del signore.

6. Secondo il dottore, il paziente non deve dormire (mai, la sera, il pomeriggio).

7. Il signore cammina molto (tutti i giorni, tutte le notti, quando fa bel tempo).

8. Il dottore è (sincero, disonesto, straniero).

II. Answer the questions in complete Italian sentences.

1. Quanti clienti ha il dottor Castro?

2. Quando fa entrare il paziente nel suo ufficio?

3. Perché?

4. Che cosa ha il malato?

5. Che cosa non può sopportare?

6. Che cosa fa?

7. Alla fine, che cosa dice il dottore?

III. Conversation stimulus.

1. Vai tutti gli anni dal dottore?
2. Vai da solo o con tua madre?
3. Il tuo dottore ha molti pazienti?
4. Aspetti molto tempo prima d'entrare nel suo studio?
5. Come ti senti?
6. Ti piace fare quattro passi?
7. Hai tempo per riposarti il pomeriggio?
8. Che cosa fa tuo padre?
9. Che cosa desideri fare da grande?
10. Che cosa pensi di questo dottore?

6. Come imparano i ragazzi

Violetta si sta preparando ad un esame. Suo padre, seduto in poltrona,° sta leggendo il giornale.

poltrona armchair

—Papà, posso farti una domanda? Voglio° andar bene all'esame di domani.

voglio (volere) I want

—E come! Che vuoi sapere? —l'incoraggia° il padre abbassando il giornale.

incoraggia encourages

abbassando lowering

—Una parte dell'esame è sulla Repubblica di San Marino.[1]

—Ah sì. E' una Repubblica Marinara.°

Repubblica Marinara Marine Republic

—No, papà. Le Repubbliche Marinare non esistono più.°

non . . . più any more

—Va avanti!° —risponde il padre un po' annoiato.

va 'avanti go ahead

—Papà, sai che cosa è l'ippocastano?°

ippocastano mock - chestnut tree

—Sì, questo nome lo conosco, l'ho proprio sulla punta della lingua,° ma non lo ricordo.

sulla punta della lingua on the tip of my tongue

—Papà, che cos'è il Cervino?°

Cervino famous mountain in the Alps

15

—Il Cervino? Ah, questo lo so. È il figlio del
cervo.°

cervo deer

Violetta, stanca di fare domande senza ricevere
risposte corrette, si sta zitta.° Il padre comincia a

si sta zitta keeps quiet

capire che c'è qualche cosa che non va.
—Che c'è? Che ti succede?°

succede happens

—Niente, papà.
—Non vuoi sapere altro? Hai finito il compito?
—Non voglio annoiarti, nè darti fastidio quando sei
stanco e preferisci leggere il giornale.

Il padre lascia cadere il giornale a terra e dice:
—Adesso fai la stupida,° ed hai paura di farmi do-

fare la stupida act as a fool

mande! —Abbi fiducia° in tuo padre. . . . E poi, se

abbi fiducia have faith

non fai domande, come fai ad imparare?

Cultural Notes

[1] San Marino è una piccola (61 metri quadrati), antichissima repubblica in Italia (19.000 abitanti). È indipendente, è nel centro d'Italia,
emette i francobolli propri e conia monete.

I.   Arrange the Italian words to form a sentence.

1. studia/esame/ragazza/per/un/una.
2. andare/ella/all'/bene/desidera/esame.
3. a/domande/suo/fa/delle/padre.
4. padre/però/sa/risposte/non/suo/le.
5. Cervino/il/pensa che/animale/è/un.
6. le dà/risposte/altre/stupide.
7. non fa/quando/domande/ella/più.
8. che/Violetta/è/crede/malata/egli.
9. le/padre/suo/dice.
10. fai/imparare/non/fai/se/domande/ad/come?

II.   Answer the following in complete Italian sentences.

1. Perché Violetta sta studiando?
2. Che fa il padre?
3. Dov'è seduto?
4. Il padre desidera aiutare la figlia?

5. Quando Violetta smette di fare domande?
6. Il padre sa o non sa le risposte alle domande della figlia?
7. Che cos'è il cervo?
8. Dov'è la Repubblica di San Marino?

III. Conversation stimulus.

1. Ti piace studiare?
2. Vuoi andar bene agli esami?
3. Vai mai male agli esami?
4. Disturbi mai tuo padre quando legge il giornale?
5. Hai paura dei tuoi genitori?
6. I tuoi genitori hanno paura di te?
7. Hai bisogno d'aiuto prima di un esame?
8. Ti consulti con i tuoi vicini di banco durante un esame?

7. Don Peppone

Don Peppone è il proprietario di una farmacia a
Caserta nella provincia di Napoli. È una bella farmacia,
proprio in piazza, nel centro della cittadina. In vetrina
si vedono medicinali°d'ogni tipo.   medicinali medicines

    È un uomo di grande importanza. Tutti corrono da
lui quando hanno bisogno d'aiuto.° Per i Casertani,   hanno bisogno di they need
don Peppone non è solamente il farmacista, ma dot-
tore, avvocato e soprattutto amico.

    Il piccolo Giorgio, bambino di otto anni, entra
correndo nella farmacia e chiede qualche cosa per il
mal di stomaco. Il farmacista, senza alcuna esitazione,
prende un bicchiere, lo riempie° d'un liquido giallo,   lo riempie fills it
lo dà a Giorgio e con voce dura gli dice:

    —Bevilo immediatamente, e bevilo° tutto!   bevilo drink it

—Ma, don Peppone . . .—il bambino cerca di
spiegare.

—Non ho tempo da perdere. Ho molto da fare.
Bevilo senza fiatare!° Se hai qualche cosa da dirmi,   **fiatare** to breath
me la dirai° dopo. Non mi muovo da qui.   **dirai** will tell

Il bambino, sorpreso dal tono di voce del farmacista, comincia a bere la medicina, ma si ferma perché
la medicina è molto amara. Don Peppone continua a
gridare:

—Tutto! Devi berlo tutto!

Quando non c'è più una goccia° del liquido giallo   **goccia** drop
nel bicchiere, don Peppone dice a Giorgio:

—Bravo! Ed ora, che mi volevi dire?

—Don Peppone, non sono io che ha mal di stomaco.
È mio fratello che sta male!

I.   Choose the word or the phrase which best completes the sentence.

1. In questa farmacia si vendono
    a) bicchieri.
    b) don Peppone.
    c) medicinali.

2. La medicina è
    a) nera.
    b) gialla.
    c) dolce.

3. Il farmacista
    a) esamina lo stomaco di Giorgio.
    b) beve qualcosa per il mal di stomaco.
    c) dà una medicina a Giorgio per il mal di stomaco.

4. Il farmacista grida: "Bevilo tutto!" perché
    a) ha bisogno del bicchiere.
    b) è un uomo dalla voce dura.
    c) il bambino esita a bere il liquido.

5. Giorgio non fiata perché
    a) ha paura del farmacista.
    b) non può parlare.
    c) ha mal di stomaco.

8. Il ragazzino terribile

Il cane abbaia perché Giacomino gli sta tirando la coda.

—Giacomo,—grida la madre—non dare fastidio° al cagnolino! Non gli far male!

    dare fastidio bother

—Il cane fa molto chiasso,° ma io non gli tiro la coda,—risponde il ragazzo di cattivo umore°—lo tengo stretto!° È lui che tira per scappare.

    fare chiasso make noise
    di. . .umore in a bad mood
    tengo stretto hold tight

Giacomo vive con la famiglia ai piedi° dell'Etna, un vulcano in Sicilia. Improvvisamente dal vulcano cominciano a venir fuori cenere,° lava, lapilli;° i paesani° hanno paura perché la lava può distruggere il paesino dove abitano.

    ai piedi at the bottom
    cenere ash
    lapilli small stones of volcanic nature
    paesani country folk

In tutta fretta i genitori di Giacomino decidono di mandare il bambino dai nonni che vivono, al sicuro, a Palermo. Vanno in piazza da dove parte la corriera° per Palermo ed affidano° il figlio all'autista.

    corriera bus
    affidano entrust

Durante il percorso Giacomino si comporta° come sempre. Non lascia nessuno in pace. Parla in continuazione, annoia i passeggeri, è in continuo movimento.

si comporta behaves

Il guidatore dell'autobus, un giovane molto cortese, cerca con le buone° di calmare il bambino, poi non ne può più° e gli dice:

con le buone in a sweet way

non ne può più can't stand it
any more

—O ti siedi, o ti lascio in mezzo alla campagna!
—Per un po' Giacomino rimane seduto al suo posto, ma poi è di nuovo irrequieto come prima.

La corriera arriva finalmente a Palermo e tutti ringraziano Iddio° di lasciare li Giacomo e di non vederlo più.

Iddio God

I nonni sono felici di rivedere il nipotino, ma dopo pochi giorni i genitori del bambino ricevono questo telegramma: "Prendetevi Giacomino e mandatelo sulla cima° dell'Etna! "

cima top

I. Choose the phrase which correctly completes the sentences.

1. Il cane abbaia perché
   a) Giacomo parte per Palermo.
   b) il bambino gli fa male.
   c) la madre comincia a gridare.

2. I nonni di Giacomo vivono
   a) ai piedi dell'Etna.
   b) nel paesino.
   c) al sicuro

3. I passeggeri sono annoiati perché Giacomo
   a) si comporta male.
   b) non fa chiasso.
   c) tira la coda al cane.

4. L'autista dice a Giacomo:
   a) "Tu sei proprio buono."
   b) "Non dare fastidio al cagnolino! "
   c) "Siediti e non dare fastidio a nessuno! "

5. I nonni mandano un telegramma ai genitori di Giacomo perché
   a) Giacomo annoia i passeggeri.
   b) non ne possono più.
   c) ringraziano Iddio.

II. Indicate whether each statement is true or false, and reply in a complete correct sentence.

1. In Italia ci sono molti vulcani.
2. Palermo è in Sicilia.
3. L'Etna è un vulcano estinto.
4. I paesi vicino ai vulcani sono in pericolo durante le eruzioni.
5. La Sicilia è una penisola.
6. Pompei fu distrutta durante un'eruzione del Vesuvio.

9. Il ribelle

Si dice che in questo paese viviamo in una democrazia.
Ma a casa abbiamo una vera monarchia. Mio padre è il
re,° mia madre è la regina.° Mia sorella maggiore è la
principessa, mio fratello minore è il principe, ed io
che ho otto anni, sono il servitorello.°

    Quando la regina ha bisogno di qualcosa, una
bottiglia di latte per esempio, chi va a prenderla?
Il servitorello! Quando il re ha bisogno di un
giornale, chi va dal giornalaio? Io! Se i regnanti°
hanno voglia° di uscire, chi s'occupa° del principe?
Il servitorello. Non mi lasciano in pace!

    Si sente la voce della regina che grida:

    —Tommaso, non dare fastidio al piccolo! (Il pic-
còlo ha già cinque anni. . . .)

    —Ma, è lui che mi tira i capelli. . . .

re king
regina queen

servitorello young servant

regnanti sovereigns
hanno voglia feel like
s'occupa takes care of

23

—E più piccolo di te!

—Tommaso va a letto! Sono le nove.—grida il re.

—Ma papà, vorrei° guardare la televisione fino alle vorrei I would like
undici come Marta.

—Marta è più grande di te, ha dieci anni!

A Pasqua° arrivano i miei nonni, i miei zii ed i miei Pasqua Easter
cugini. A chi danno il più bell'uovo di Pasqua?[1] Al
principe! Davanti a chi sono in continua ammira-
zione? Al principe!

—Quanto è bello! —dicono—Ha gli occhi azzurri di
sua madre, la bocca grande di suo padre, i capelli neri
di suo nonno, e gli orecchi piccoli di sua nonna!

—E porta° i pantaloncini° di seconda mano del porta wears
servitorello . . .—sussurro tra me.°   pantaloncini children's pants
                                                      tra me to myself

Cultural Notes

[1] A Pasqua si regala un uovo di cioccolata con dentro una sorpresa.

I. Complete these sentences with one of the words in parentheses.

1. A casa di Tommaso (il padre, la madre, il fratellino) è la persona più importante.
2. Il fratellino è il (re, servitore, principe).
3. Quando qualcuno ha bisogno di (un litro di latte, un giornale, uovo di Pasqua), Tommaso va a comprarlo.
4. Il fratello più piccolo ha (cinque, cinquanta, undici) anni.
5. (Tommaso, Marta, Il piccolo) guarda la televisione fino a tardi.
6. Il piccolo fa male (a Tommaso, al padre, alla sorella).
7. A Pasqua arrivano molti (amici, regali, parenti).
8. I nonni (ricevono, portano, mandano) un uovo di cioccolata.
9. Il colore dei capelli del piccolo è (lo stesso, differente, più chiaro) di quello di suo nonno.
10. E porta i (nuovi, neri, vecchi) pantaloncini di Tommaso.

II. Answer the following in complete Italian sentences.

1. Chi è il re a casa di Tommaso?
2. Chi è la regina?
3. Chi è la principessa?

4. Chi è il principe?
5. Chi va a comprare il giornale?
6. A che ora va a letto Marta?
7. Chi porta i pantaloncini di Tommaso?
8. Di chi parlano in continuazione i parenti?

III. Conversation stimulus.

1. Che tipo di governo abbiamo negli Stati Uniti?
2. Chi è il re a casa tua?
3. Hai un fratello o una sorella minore?
4. Dove si vendono i giornali negli Stati Uniti?
5. Fino a che ora puoi guardare la televisione?
6. Ricevi regali a Pasqua, a Natale, per il tuo compleanno?
7. Hai molti parenti?
8. Di che colore sono i tuoi occhi?
9. Chi è a capo di una monarchia? Di una democrazia?
10. L'Italia, oggi, è una Repubblica?

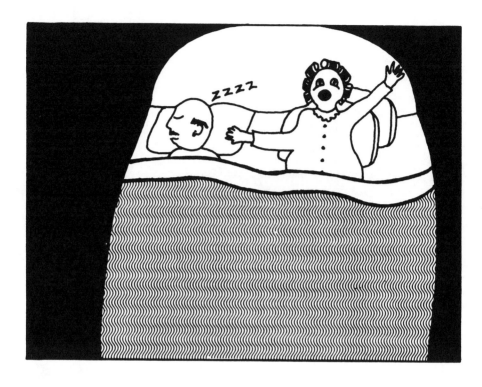

10. A che servono i ladri? I

Il signor Rolandi è il proprietario di un negozio dove si vendono strumenti musicali. È nervoso tutto il giorno° perché è obbligato ad ascoltare la musica moderna che piace ai suoi giovani clienti, ma che a lui non piace affatto.°

    A ora di chiusura° ritorna a casa con l'unico desiderio di riposarsi. Ma non gli è possibile. Il figlio parla continuamente a telefono, la figlia suona la chitarra e l'organo elettronico, la moglie suona il pianoforte e il cane abbaia in accompagnamento° degli altri.

    Grazie a Dio arriva l'ora di coricarsi.° Il signor Rolandi, stanco morto,° si addormenta subito.

    Nel cuore della notte° la moglie lo sveglia.

    —Francesco, alzati! Ci sono i ladri in casa.

tutto il giorno the whole day

non . . . affatto not at all

ora di chiusura closing time

in accompagnamento di along with

coricarsi to go to bed

stanco morto dead tired

nel cuore della notte in the dead of night

—Come lo sai, Teresa?
—Non perdere° tempo! Ti dico io che ci sono. **perdere** waste
Possono ammazzarci° mentre tu mi fai delle stupide **ammazzarci** kill us
domande. A volte° tu hai paura di proteggere la tua **a volte** at times
famiglia.
—Ma come lo sai che ci sono i ladri in casa?
—Posso sentirli—risponde la moglie con certezza.
—Non fare la stupida! I ladri non fanno rumore.
Pochi minuti dopo la signora sveglia di nuovo suo
marito.
—Alzati! Sono sicura che i ladri sono qui.
—Ed io ti dico che i ladri non fanno rumore.
—È proprio per questo che stanno in casa. Non
sento nulla.

Choose the phrase which best completes the sentence.

1. Quando il signor Rolandi torna a casa
   a) vuole vendere strumenti musicali.
   b) desidera riposare in silenzio.
   c) vuole sentire musica moderna.
   d) desidera soffrire.
2. Non può riposare perché
   a) il figlio suona il pianoforte.
   b) sua figlia abbaia.
   c) c'è troppo rumore.
   d) sua moglie è sempre a telefono.
3. Durante la notte il signor Rolandi è svegliato
   a) dal cane.
   b) da sua moglie.
   c) da un ladro.
   d) dalla figlia.
4. La signora ha paura
   a) dei ladri.
   b) delle domande.
   c) del figlio.
   d) della famiglia.

5. La signora crede che i ladri sono in casa perché
   a) fanno rumore.
   b) non sente niente.
   c) desiderano ammazzarla.
   d) suo marito ha paura.

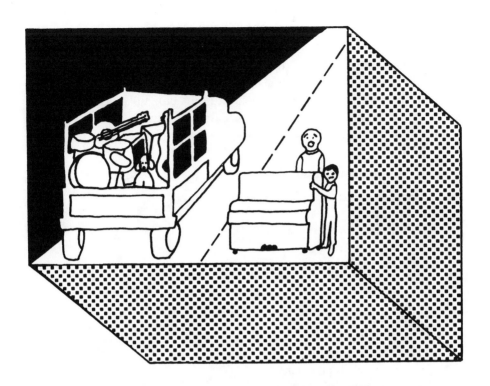

11. A che servono i ladri? II

Il signor Rolandi non ha voglia di criticare la logica
femminile, nè di perdere la calma. Vuole solo continuare a dormire. Ha un sonno terribile. Ma la moglie
non lo lascia in pace. Finalmente si alza, si mette le
pantofole,° e prende il suo fucile.° In punta di piedi
attraversa il corridoio e con una certa paura apre la
porta del salotto.° Davanti ai suoi occhi° ci sono
degli uomini. Stanno mettendo gli strumenti musicali
della figlia in grandi sacchi. Il cane feroce, esausto
per il continuo abbaiare, dorme profondamente su
una poltrona.

    Alla vista del padrone di casa con il fucile in
braccio, i ladri lasciano cadere i sacchi ed alzano le
braccia.

    —Per carità, signore, non spari! —supplica° uno di

pantofole slippers
fucile gun

salotto living room
occhi eyes

supplica begs

loro.—Siamo dei ladri per bene.° Come vede, rubiamo **per bene** with good manners
solo in case per bene!
    —Silenzio—urla il signor Rolandi—Non dite scioc-
chezze! E se non volete finire in prigione, chiamate
i vostri complici. Fateli venire° subito qui con un **fateli venire** have them come
camion per caricare anche il pianoforte di mia moglie.
E non dimenticate di portarvi° il telefono ed il cane! **portarvi** to take with you

Choose the word or phrase which best completes the sentence.

1. Quando la moglie lo sveglia, il signor Rolandi desidera
    a) svegliarsi.
    b) alzarsi.
    c) parlare con la moglie.
    d) essere lasciato in pace.
2. Il salotto è vicino
    a) alla prigione.
    b) alla camera da letto.
    c) al pianoforte.
    d) alle sue pantofole.
3. Il cane non abbaia più perché
    a) i ladri sono in salotto.
    b) è nei sacchi con gli strumenti.
    c) è molto pacifico.
    d) ha abbaiato tutto il giorno.
4. I due ladri hanno paura
    a) del cane.
    b) del fucile.
    c) dei complici.
    d) degli strumenti musicali.
5. Nel lasciare la casa, i ladri devono portarsi
    a) la signora ed il cane.
    b) tutti.
    c) solo i figli.
    d) gli strumenti, il telefono ed il cane.

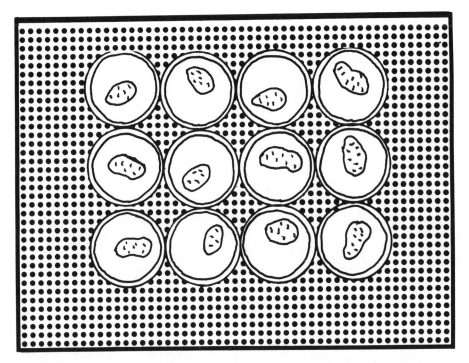

12. Una fidanzata nervosa

Vittorio Rossi e Lucia Martini si sono appena fidanzati.°

appena fidanzati   just engaged

I genitori di Lucia invitano i Rossi a pranzo. La signora Martini desidera fare una bella figura,° apparecchia la tavola con la più bella tovaglia, mette dei fiori in un bel vaso nel centro della tavola e raccomanda alla figlia di aiutarla a servire a tavola con eleganza.

fare una bella figura   make a good impression

—Quando porti la carne, non mischiare i contorni!° Mettili in piatti differenti!

carne con contorni   meat and vegetables

—Sì mamma.—dice Lucia senza avere capito quello che la madre le ha detto.

I Rossi sono ricevuti dai Martini con grande gioia.

—Benvenuti! Prego, si accomodino!

Tutti entrano in salotto, il signor Martini offre un aperitivo.

—Salute!

—Cin, cin! °

Poi passano in camera da pranzo, si siedono a tavola
e la signora serve l'antipasto.°

—Lucia,—sussurra la madre—porta l'arrosto con le
patate ed i piselli.

La fidanzatina va in cucina, ma ritorna dopo pochi
minuti a mani vuote.°

—Mamma, —dice a voce bassa—sono molto nervosa
ed ho bisogno° d'aiuto.

La madre fa un bel sorriso agli ospiti e segue° la
figlia in cucina. Sul tavolo della cucina ci sono una
dozzina° di piatti, ognuno con una sola patata.

—Vedi, mamma, se non devo mischiare i contorni
ho bisogno di almeno una cinquantina di piatti per
portare i piselli. . . .

cin, cin cheers

antipasto hors-d'oeuvre, appetizer

a mani vuote empty handed

ho bisogno di I need

segue follows

dozzina dozen

I. Match these sentences so that the resulting sentence will express a
complete thought.

1. I Rossi sono invitati
2. Lucia deve
3. La madre raccomanda alla figlia di non mettere i contorni
4. La figlia dice: "Sì, ma"
5. Quando gli ospiti arrivano i Martini dicono:
6. Quando prendono l'aperitivo, dicono:
7. Ritornando dalla cucina Lucia sussurra:
8. Per mettere i contorni in piatti differenti, Lucia dice:

a. "Sono nervosa, ed ho bisogno d'aiuto."
b. "Salute!"
c. "Ho bisogno di moltissimi piatti."
d. a casa Martini.
e. "Si accomodino!"
f. aiutare la madre.
g. nello stesso piatto con la carne.
h. non ha capito cosa dice la madre.

II. Answer the following in complete Italian sentences.

1. Chi invitano a cena i signori Martini?
2. Perché?
3. Come apparecchia la tavola la signora?

4. Perché Lucia non deve mischiare i contorni?
5. Che cosa dicono i Martini, quando i Rossi arrivano?
6. La madre rimane sorpresa quando va in cucina?
7. Lucia ha bisogno d'aiuto?
8. Perché Lucia è nervosa?

III. Conversation stimulus.

1. Chi aiuta tua madre a casa?
2. Ricevete molti ospiti?
3. Qual'è il tuo piatto preferito?
4. Ti piace l'arrosto?
5. Ti piacciono gli spaghetti?
6. Ti piacciono i fiori?
7. Che cosa si dice negli Stati Uniti quando si prende un aperitivo?
8. Che cosa si dice in Italia?

13. Buon appetito!

Per la prima volta in vita sua, il signor Jones fa un viaggio in Italia. Conta di fermarsi° in Italia per circa un mese. Passa la prima settimana delle sue vacanze in una pensione° a Roma nel centro della città.

    Il lunedì si alza presto e comincia a girare° per le belle strade di Roma. Resta a bocca aperta° davanti a tante meraviglie: gli scavi° della Roma antica, le chiese della Roma Cristiana, i tesori della Roma del Rinascimento,° i monumenti della Roma moderna.

    Ritorna in pensione stanco morto e *Paese che vai, usanza che trovi,*¹ fa il pisolino° pomeridiano.

    Alle otto di sera entra nella sala da pranzo della pensione e si siede ad un tavolo dove è già seduto un signore che ha l'aria molto distinta.° Il signore s'alza e dice:

fermarsi to stay

pensione boarding house

girare to walk about

resta a bocca aperta he is flabbergasted
scavi excavations

Rinascimento Renaissance

pisolino nap

ha l'aria distinta looks distinguished

34

—Buon appetito!

Il signor Jones che non comprende l'italiano, risponde:—Sam Jones!

Mangiano in silenzio perché nessuno dei due parla la lingua dell'altro.

La sera dopo, il signor Jones prende lo stesso posto a tavola.

—Buon appetito! —dice l'italiano.

—Sam Jones—risponde di nuovo l'americano.

Dopo cena, il signor Jones incontra un suo amico che parla molto bene l'italiano. Gli racconta quello che succede° alla pensione. L'amico gli spiega che il signore italiano non si chiama *Buon appetito,* ma che questa è un'espressione che in Italia si usa prima di mangiare.   <small>**succede** happens</small>

Il signor Jones, felice di avere imparato un'usanza italiana, la sera seguente°entra in sala da pranzo prima dell'ora di cena. Si siede al solito posto ed appena vede entrare il signore italiano, s'alza e con un bel sorriso dice:—Buon appetito!   <small>**seguente** following</small>

E in risposta l'italiano dice:—Sam Jones.

Cultural Note

[1] Proverbio: *Paese che vai, usanza che trovi.*   When in Rome, do as the Romans do.

I.   Indicate whether each statement is true or false and find the words in the story that support your answer.

1.   Il signor Jones va in Italia una volta l'anno.
2.   Passa molte ore girando per la città.
3.   Quando il signor Jones si siede a tavola, un signore americano gli dice:—Buon appetito.
4.   Il signor Jones che parla italiano, gli risponde:—Grazie, altrettanto.
5.   I due signori parlano la stessa lingua.
6.   L'amico spiega l'uso di questa espressione.
7.   Quando il signor Jones vede l'italiano la terza sera gli dice:—Mi chiamo Sam Jones.
8.   L'italiano risponde:—Molto piacere.

II.   Answer the following in complete Italian sentences.

1.   Il signor Jones viene dagli Stati Uniti o dall'Inghilterra?
2.   Dove passa la prima settimana?
3.   Qual'è la differenza fra una pensione ed un albergo?
4.   Che cosa si dice in Italia prima di mangiare?
5.   Il signor Jones capisce cosa gli dice l'italiano?
6.   Che cosa racconta all'amico il signor Sam Jones?
7.   Che cosa gli spiega l'amico?

III.   Conversation stimulus.

1.   In quale paese vivi tu?   In quale città?
2.   Preferisci vivere in albergo o a casa tua?
3.   Con chi mangi a scuola?
4.   Se qualcuno ti dice: *Buon appetito!*, che cosa rispondi: *Ciao, Salute,* o *Grazie altrettanto?*
5.   Quando si dice in Italia: *Cin, cin?*
6.   Perché c'è l'abitudine in Italia di fare il pisolino?

14. Io non capisco

Un ricco americano, stanco di lavorare, ha venduto il
suo negozio. Un amico l'ha invitato a passare un po'
di tempo con lui sul Lago di Como, vicino a Milano.
L'americano compra un biglietto° per l'aereo e dopo   **biglietto** ticket
un viaggio di otto ore arriva a Milano.

Decide di visitare la città prima di raggiungere°   **raggiungere** join
l'amico.   Prima fermata è il Duomo, una delle più
grandi cattedrali del mondo.° Poi va in Galleria¹ dove   **mondo** world
i milanesi fanno le loro spese° in bellissimi magazzini°   **fare spese** go shopping
e si fermano a chiacchierare nei bar dove prendono il   **magazzini** stores
caffè.

A mezzogiorno davanti all'uscita° di una chiesa   **uscita** exit
vede della gente. È un corteo nuziale.° Si ferma   **corteo nuziale** wedding pro-
e domanda ad uno dei presenti, in inglese, come si   cession
chiama lo sposo. Il milanese non capisce cosa gli ha

domandato il turista; si stringe nelle spalle° e ris- **si stringe nelle spalle** shrugs his shoulders
ponde:—Signore, io non capisco.

L'americano pensa che il nome dello sposo è signor
Iono Capisco.

Più tardi vede un altro gruppo di persone intorno° **intorno** around
a un uomo, caduto in terra,° la testa coperta di **caduto in terra** on the floor
sangue,° vittima di un incidente. **sangue** blood

—Che succede?° Chi è quest'uomo?—domanda in **che succede** what's happening
inglese. Il turista riceve la stessa risposta:

—Signore, io non capisco.

L'americano si rattrista:—Che disgrazia!° Povero **che disgrazia!** what hard luck!
Iono Capisco, si è sposato un'ora fa° e ora sta per° **un'ora fa** one hour ago
morire. **sta per** is about to

La sera, vede un corteo funebre.° Si avvicina ad **funebre** funeral
una signora che sta versando lacrime amare.° Le fa la **versando lacrime amare** is crying bitterly
solita domanda e riceve la solita risposta.

—Che peccato!° Il povero signor Iono Capisco, **che peccato!** too bad!
sposato, vittima di un incidente e morto in un solo
giorno.

Cultural Note

[1] Galleria—a huge glass-domed shopping center constructed in 1867.
It serves as a political and social center as well as a shopping center and
is a popular meeting place.

I.   Complete the numbered sentence fragments with a phrase from the
     second column to form a summary of the story.

	A		B
1.	Il ricco negoziante ha appena	a.	a Milano.
2.	Ha ricevuto un invito	b.	si chiama Iono Capisco
3.	L'americano è	c.	"Povero Iono Capisco."
4.	Vede un corteo nuziale	d.	venduto il suo negozio.
5.	Quando chiede il nome dello sposo	e.	all'uscita d'una chiesa.
6.	L'americano pensa che lo sposo	f.	un uomo risponde: "Io non capisco."
7.	Più tardi vede una	g.	riceve la stessa risposta.
8.	Quando chiede il nome del pover'uomo	h.	vittima d'un incidente.
		i.	da un amico che vive in Italia.
		j.	alla vista del poveretto.

9. L'americano diventa triste
10. Quando sente quello che la donna gli risponde, dice:

II. Answer the following in complete Italian sentences.

1. Dove vive l'amico del ricco americano?
2. Dove si sono celebrate le nozze?
3. Quale lingua non parla il milanese?
4. Che cosa pensa il turista?
5. Perché la faccia dell'uomo in terra è coperta di sangue?
6. Perché l'americano si rattrista?
7. Chi sta piangendo al corteo funebre?
8. Che cosa dice il turista quando pensa che lo sposo è morto?
9. Pensa che il signor Iono Capisco è fortunato o disgraziato?

III. Conversation stimulus.

1. In quale regione d'Italia è Milano?
2. Desideri andare in Italia?
3. Hai un amico in Italia?
4. Quanto tempo ci vuole per andare in Italia in aereo?
5. È importante parlare la lingua del paese che si visita?
6. Se vedi una persona in terra, che cosa fai?
7. Ti rattristi o ti rallegri quando ricevi il tuo voto d'italiano?
8. Piangono o ridono i tuoi genitori alla vista dei tuoi voti?
9. Quando vai a dormire, sei stanco morto?

15. Il minestrone meraviglioso

Un freddo giorno di dicembre un mendicante° **mendicante** beggar
zingaro° bussa alla porta di casa di un contadino° **zingaro** gypsy
calabrese.° Ha molta fame ed è morto di freddo. **contadino** peasant
calabrese from Calabria
—In nome di Dio—dice il mendicante—mi lasci
entrare per riscaldarmi! Fuori fa tanto freddo.

Il contadino lo fa sedere davanti al fornello° su cui **fornello** stove
c'è una grande pentola° con dell'acqua bollente. Lo **pentola** pot
zingaro tira fuori un bastoncino° dalla tasca° e **bastoncino** short stick
domanda alla moglie del contadino: **tasca** pocket

—Signora, mi permette di mettere questo bastone
nell'acqua per fare un minestrone?

—Fare un minestrone da un bastone?—esclama la
donna con sorpresa.

Dopo un paio di minuti lo zingaro chiede alla
contadina una cipolla.° Siccome non costa molto **cipolla** onion

riesce° ad averla. Il mendicante nota che la donna **riesce** succeeds
guarda con interesse quello che lui fa. Perciò chiede
ed ottiene una patata, un pezzo di carne, dei fagioli,
dei piselli, del riso e un pezzo di pancetta affumicata.° **pancetta affumicata** bacon
In fine le chiede sale, pepe e pane. Quando la minestra
è pronta, si siede a tavola, si mangia tutta la minestra,
pulisce il bastoncino e l'offre in regalo alla contadina.

Il contadino, furioso per l'inganno, dice:

—Io do da mangiare° alla vacca perché mi dà il **do da mangiare** I feed
latte, il formaggio ed il burro. Ma non do da mangiare
ad un truffatore.° **truffatore** swindler

Imbraccia° un fucile e grida: **imbraccia** aims

—Vedi quell'accetta° vicino alla porta? Prendila e **accetta** hatchet
vá a tagliare tutta quella legna lì fuori! Il vagabondo **legna** wood
lavora tutto il giorno. Alla fine della giornata il contadino prende un pezzo di legno, lo da allo zingaro e
gli dice:

—Ora hai un altro bastoncino per farti un altro
minestrone meraviglioso. . . . Ma se non vuoi finire in
galera,° la prossima volta va' a farlo in un'altra casa! **finire in galera** wind up in jail

I. Indicate whether these statements are true or false, and reply in a
    complete, correct sentence.

1. Un vagabondo entra nella casa di un contadino in Sicilia.
2. Lo zingaro chiede da mangiare perché ha molta fame.
3. Il vagabondo si siede sopra il fornello per riscaldarsi.
4. Dice che vuole fare una minestra con un pezzo di legno.
5. La contadina gli offre una cipolla.
6. Riesce ad avere anche un pezzo di carne.
7. Mangia tutto il pane che ha ricevuto dalla contadina.
8. Lava il bastone e lo dà alla contadina.
9. Il contadino, furioso, lo colpisce con un'accetta.
10. Il vagabondo può tornare un'altra volta a fare la minestra.

II. Answer the following in complete Italian sentences.

1. Dove vive il contadino?
2. Che tempo fa quel giorno?
3. Perché lo zingaro chiede di entrare?

41

4. Che cosa vuole fare con il bastoncino?
5. A chi chiede una cipolla?
6. Che cos'altro gli dà la contadina?
7. Che fa il vagabondo dopo avere preparato la minestra?
8. Perché il contadino lo chiama truffatore?

III. Questions for written or oral expression.

1. Dove vivi tu?
2. Che tempo fa oggi: bel tempo, cattivo tempo; fa caldo o freddo?
3. Quando vuoi riscaldarti?
4. Con che cosa fa tua madre una minestra?
5. Ti piacciono le cipolle?
6. Ti lavi le mani prima di mangiare?
7. Diventi furioso quando ricevi uno zero?
8. Ha ragione il contadino di voler mandare il vagabondo in prigione?

Exercises

1. Una lingua straniera

I. Vocabulary Exercises

A. **Cognates** are words which are spelled similarly in Italian and in English and which have a similar root or element in both languages. *Ambizioso* is a cognate of ambitious. Generally, English adjectives ending in -ous will end in *-oso* in Italian. Form Italian equivalents of the following.

1. furious
2. glorious
3. numerous
4. nervous
5. curious

Similarly English adjectives ending in -ent, end in Italian in *-ente; intelligente* from intelligent. Give the Italian equivalent of the following English words.

1. resident
2. present
3. evident
4. latent
5. different
6. potent

B. **Antonyms** are words which have an opposite meaning. Match these antonyms.

A	B
1. entra	a) il padre
2. presto	b) stupido
3. chiedere	c) buona sera
4. intelligente	d) esce
5. buon giorno	e) di corsa
6. la madre	f) tardi
7. lentamente	g) rispondere

II. Verb Exercises: Present tense of regular *-are, -ere, -ire* verbs and the present tense of *stare.*

A. Complete the sentences.

Tu imiti il maestro.

Noi_____maestra.

Io_____mio amico.

Voi_____professore.

Lei_____amica.

Paolo risponde al professore.

Essi_____professore.

Noi_____signora.

Io_____amico.

Tu_____.

Elena apre il libro.

Voi_____finestra.

Paolo ed io_____porta.

Tu e tuo fratello_____.

Io_____portone.

Fido e la madre stanno bene.

Elena_____bene.

Tu_____.

Voi_____male.

Io_____.

B. Using the verbs in parentheses, complete the sentences with the correct form of the present tense.

    1. Fido_____un gatto. (imitare)

    2. Noi_____alle due. (ritornare)

    3. Tu_____a parlare italiano. (imparare)

    4. _____voi presto? (arrivare)

    5. Elena e Pietro_____la televisione. (guardare)

    6. Tu e tuo fratello_____a casa. (correre)

    7. I figli_____alla madre. (rispondere)

    8. Io_____la porta per mia madre. (aprire)

    9. Il treno_____alle nove. (partire)

III. Structures

A. Fill in the blanks with the preposition *a*. Make contractions where needed. Refer back to the story for the correct structures.

Model: Fido va_____una scuola.
Fido va a una scuola.

1. Fido torna_____una.
2. All'una Fido è davanti_____portone.
3. Fido mostra_____madre quanto è intelligente.
4. Mio padre ritorna a casa_____otto.
5. Noi impariamo_____fare la pizza.

B. Form sentences using the words in the order given. You will have to supply other necessary words such as articles, prepositions, etc. Refer to the story for the correct structures.

Model: Fido/imitare/gatto.
Fido imita un gatto.

1. Io/guardare/orologio/tanto/tanto.
2. Fido/rispondere/madre.
3. Tu/e/tuo fratello/arrivare/scuola/otto.
4. Essi/passare/davanti/biblioteca.
5. Madre/chiedere/figlio/che ora/ritornare.

2. La pubblicità

I. Vocabulary Exercises

A. Cognates: English words which end in -tion generally end in *-zione* in Italian.

Model: portion   la porzione

Form the Italian cognates from these English words, and give the appropriate definite article before each noun.

1. nation
2. education
3. conversation
4. condition
5. implication

6. operation
7. composition
8. insinuation
9. elevation
10. ventilation

B. Italian adverbs are formed from the adjectives. When the Italian adjective ends in *-le* or *-le* preceded by a vowel, the final *-e* is dropped and the suffix *-mente* is added. The suffix *-mente* corresponds to the English *-ly*. Form adverbs from these Italian adjectives.

Model: finale   final-   finalmente

1. naturale
2. generale
3. reale
4. crudele

5. personale
6. volgare
7. singolare
8. particolare

Adverbs are also formed by adding *-mente* to the feminine form of the adjective.

Model: stupido, stupida   stupidamente

1. lento
2. cortese
3. solo
4. elettrico
5. eccellente

C. Antonyms: Match these words of opposite meaning.

A	B
1. bene	a) torto

2. tristezza   b) davanti a

3. ragione   c) male

4. sete   d) allegria

5. dietro a   e) fame

II. Verb Exercises: Present tense of *essere* and *avere*.

A. Complete the sentences.

Giovanni è di Napoli.

Noi_____ di Napoli.

Maria e sua madre_____contente.

Io_____contento.

Ella_____.

Fido ha due anni.

Quanti anni_____tu?

Io_____anni.

Voi_____ragione.

Noi_____.

B. Using the verbs in parentheses, complete the sentences with the required form of the present tense.

1. Tu_____male. (stare)
2. Giovanni_____napoletano. (essere)
3. Io_____tre fratelli. (avere)
4. Tutti_____in piedi. (stare)
5. Il caffè_____freddo. (essere)
6. I libri_____vicino al quaderno. (essere)
7. _____noi molta fame? (avere)
8. Io_____intelligente. (essere)
9. Tu e mio fratello_____amici. (essere)
10. Mia nonna_____un gatto. (avere)

C. Present progressive tense (present tense of *stare* plus the present participle). Complete the sentences.

Tu stai parlando con il maestro.

Noi_____ .

Voi_____maestra.

Io_____cameriere.

Egli_____proprietaria.

Maria sta rispondendo al professore.
Noi_____.
Tu_____Maria.
Voi_____telefono.
Io_____tutti.

Essi stanno aprendo la porta.
Giovanni_____lettera.
Tu ed io_____.
Voi_____portone.
Io_____.

D. Complete the sentences with the required form of the present progressive tense of the verbs in parentheses.

1. Giovanni_____la televisione. (guardare)
2. Tutti_____spaghetti. (mangiare)
3. Noi_____un libro. (leggere)
4. Fido_____per le scale. (correre)
5. La madre di Fido_____la finestra. (aprire)

III. Structures: Form sentences using the words in the order given. Make any necessary changes or additions. Refer to the reading selection for the correct structures.

Model: Io/vedere/cane/davanti/casa/
Io vedo un cane davanti alla casa.

1. Tu/vedere/uomo/vicino/tavola.
2. Giovanni/chiedere/acqua/perché/avere/sete.
3. Tu/ed/io/essere/ristorante.
4. Noi/avere/molto/fame.
5. Voi/mangiare/piccolo/porzione/spaghetti.

IV. Writing Stimulus: You know that *spaghetti* are very popular in Italy. Make a list of the other dishes you know are popular in Italy.

3. Il telegramma

I. Vocabulary Exercises

A. Cognates: English words which end in -y have Italian cognates which end in -ia. Form Italian cognates of these English words.

Model: history   la storia

1. glory
2. geometry
3. anatomy
4. copy
5. biology

B. Antonyms: Match the following opposites.

A	B
1. giovane	a) raramente
2. verità	b) finire
3. spesso	c) lontano
4. vicino	d) bugia
5. cominciare	e) vecchio

II. Verb Exercises

A. Verbs with spelling changes: In order to retain the sound of the infinitive of verbs ending in *-care* and *-gare,* we must incorporate the indicated spelling changes:

gioco	*giochiamo*
giochi	giocate
gioca	giocano

Complete the sentences.

Noi giochiamo a tennis.

Tu_______________.

Mario_______________calcio.

Io_______________.

Voi_______________bene.

Giovanni non paga più del proprietario.

Tu_____più_____.

Io_____meno di te.

Tu e tuo padre_____molto.

Mio padre ed io_____ poco.

B. Present tense of *finire, interessarsi, andare* and *dire.*

Complete the sentences.

Mario finisce la lettura.

Voi_____.

Io_____libro.

Noi_____lezione.

Essi_____.

Gli amici di Mario s'interessano di politica.

Mio padre ed io_____.

Tu_____di letteratura.

Egli _____.

Voi_____d'arte.

Fido va a scuola.

Anche noi_____.

Mamma, dove_____?

Signora, dove_____?

Ragazzi, dove_____?

Tu dici sempre la verità.

Io_____.

Essi non_____mai una bugia.

Voi_____una bugia.

Fido_____: Miao, miao.

C. Using the verbs in parentheses, complete the sentences using the correct form of the present tense.

1. Chi_____la lettera? (finire)

2. Pietro e Maria_____ad un'altra scuola. (andare)

52

3. Noi_____sempre la verità. (dire)

4. Tu_____il conto al cameriere. (pagare)

5. Io_____. (chiamarsi)

6. Tu_____la lezione. (capire)

7. Come_____questo ragazzo? (chiamarsi)

8. Come si_____in italiano? (dire)

9. Tu_____la lezione a tuo fratello. (spiegare)

10. Tu e tuo fratello_____d'astronomia. (interessarsi)

III. Structures: Form sentences using the words in the order given. Refer to the past stories for the correct structures.

1. Università/Padova/essere/Veneto.

2. Mario/decidere/andare/università.

3. Amici/Mario/studiare/poco.

4. Io/avere/paura/professore.

5. Alla fine/anno/arrivare/esami.

6. Noi/mandare/lettera/presidente/Stati Uniti.

7. Giovanni/e/amico/andare/giocare/tennis.

8. Voi/avere/fame/e/andare/mangiare/trattoria.

9. Tu/cercare/libro/interessante.

10. Milano/essere/nord/Italia.

4. Cortesia o intelligenza?

I.   Vocabulary Exercises

A. Cognates: Some English nouns which end in -ty end in -à in Italian and are feminine. (Note: Nouns ending in -à are the same in the plural, only the article changes.) Write the Italian cognates for these English words and show the appropriate definite article.

Model: popularity   la popolarità

1. opportunity	6. identity
2. quantity	7. society
3. quality	8. velocity
4. city	9. ability
5. variety	10. publicity

B.   The absolute superlative is formed in Italian by removing the end vowel and adding -*issimo*. The end -*issimo* corresponds to the English "very, extremely."

Model: bello   bell-   bellissimo

Form the superlative of these adjectives.

1. molto
2. giovane
3. allegro
4. grande
5. facile

C. Synonyms: Match these words of similar meaning.

A	B
1. chiacchierare	a) notare
2. i cioccolatini	b) dopo
3. osservare	c) parlare
4. dentro	d) i dolci
5. poi	e) in

D. Antonyms: Match these words of opposite meaning.

A	B
1. fa bel tempo	a) smettere

2. fuori	b) rumore
3. fa caldo	c) fa cattivo tempo
4. cominciare	d) scortese
5. cortese	e) dentro
6. silenzio	f) fa freddo

E. Vocabulary recognition—building. From certain infinitives, we can derive nouns.

Example: raccontare—il racconto
regalare—il regalo

Make up pairs of sentences using a verb form in one, and its derived noun in the other.

Model: Papà *racconta* una bella storia.
Mi piace *il racconto* di Papà.

1. Il dottore *visita* il malato. Il dottore fa la_____al malato.

2. Mi piace *giocare* a tennis. Il mio_____preferito è il tennis.

3. Ti voglio *regalare* un disco. Ti ringrazio per il bel_____.

4. Desidero *uscire,* dov'è l'_____?

5. Mi *rispondi* cortesemente, la tua_____è cortese.

6. Mi piace *studiare* l'astronomia. Lo_____dell'astro-nomia è interessante.

II. Verb Exercises

A. Present tense of *fare* and *dare.* Complete the sentences.

Io faccio i compiti.
Essi_____.
Tu_____rumore.
Voi_____.
Che cosa_____Carletto?

Le due signore danno i dolci a Carletto.
Io _____i dolci_____signora.
Tu_____il libro_____professore.
Voi_____i libri_____amici.
Lei_____amico.

55

B. Complete the sentences using the correct form of the present tense of the verbs in parentheses.

1. Il cameriere_____una risposta divertente. (dare)
2. Che cosa_____noi, oggi? (fare)
3. Io_____molti studenti. (conoscere)
4. Carlo ed io non_____niente. (toccare)
5. Io non_____. (divertirsi)
6. _____voi alle domande in classe? (rispondere)
7. Tu_____i tuoi genitori. (ringraziare)
8. Fido_____alle sette di mattina. (alzarsi)
9. Tu_____i dolci alla signora. (offrire)
10. Io_____quando tu parli. (capire)

III. Structures: Form sentences using the words in the order given. Refer to the stories for the correct structures.

1. Carletto/andare/scuola.
2. Carletto/continuare/guardare/dolci.
3. Signora/e/amica/desiderare/chiacchierare.
4. Oggi/fare/cattivo/tempo.
5. Giovanni/e/io/giocare/golf.
6. Noi/dare/mazzo/carte/Carletto.
7. Voi/divertirsi/partita/calcio.
8. Cameriere/avvicinarsi/tavola.
9. Tu/mettersi/balcone.
10. Tua mano/essere/più/grande/mia.

5. Il ciarlatano

I. Vocabulary Exercises

A. Increasing your Italian vocabulary. You know that *fare una passeggiata* means the same as *passeggiare.* Match these verbs of the same meaning.

A	B
1. fare una telefonata	a) sorridere
2. fare una domanda	b) regalare
3. fare la conoscenza	c) sommare
4. fare male a qualcuno	d) telefonare
5. farsi la barba	e) danneggiare
6. fare un sorriso	f) domandare
7. fare il totale	g) radersi
8. fare un regalo	h) conoscere

B. **Synonyms:** Match these words of similar meaning.

A	B
1. mattiniero	a) pomeridiano
2. trenta minuti	b) il dottore
3. di pomeriggio ·	c) l'impiego
4. il lavoro	d) di mattina
5. il medico	e) mezz'ora

C. **Antonyms:** Match the words of opposite meaning.

A	B
1. sincero	a) sano
2. mattiniero	b) la luna
3. dare	c) sentirsi bene
4. venire	d) falso
5. sentirsi male	e) andare
6. alla fine	f) notturno
7. malato	g) ricevere
8. il sole	h) al principio

II. Verb Exercises

A. Present tense of *dovere, potere* and *venire.* Complete the sentences.

Per andare dal dottore io devo prendere l'autobus.

Che cosa_____prendere tu?

Che cosa_____fare voi?

Noi non_____niente.

Il malato_____lunghe passeggiate.

Il paziente non può guardare la luce del sole.

Io non_____guardare la televisione.

Tu ed io_____.

Tu_____venire con me?

Voi_____?

Io vengo a casa tua.

Tu_____mia.

Voi_____nostra.

Noi_____vostra.

Egli_____mia.

B. Imperative mood of regular *-are, -ere, -ire* verbs. The imperative is used to express commands. In Italian the form of the command will change according to the person to whom we give the command. (*tu* and *lei* form)

Follow the model and write the imperative forms of the verbs listed after the model.

Model:	visitare	Mamma, visita!	Professore, visiti!
	rispondere	" , rispondi!	" , risponda!
	partire	" , parti!	" parta!
	finire	" , finisci!	" finisca!

1. parlare

2. vivere

3. entrare

4. prendere

5. pulire

6. vedere

7. contare

8. scrivere

9. mettere

10. offrire

C. Complete the sentences with the correct form of the imperative of the verbs in parentheses.

1. La signora Grassi dice a Carletto: "_____i dolci!"
   (prendere)
2. L'infermiera dice al paziente: "_____nello studio!"
   (entrare)
3. Il dottore dice al malato: "_____ la bocca!" (aprire)
4. La mamma dice alla figlia: "_____la porta!" (aprire)
5. Lo studente dice al professore: "_____la domanda!"
   (ripetere)
6. Il professore dice all'alunno: "_____la risposta!"
   (ripetere)
7. Il dottore dice al malato: "_____molto!" (camminare)
8. Carletto dice all'amico: "_____a tuo padre!"
   (telefonare)

III. Structures: Form sentences using the words in the order given. Refer to the past stories for the correct structures.

1. Io/potere/sopportare/luce/sole.
2. Tu/dovere/fare/passeggiata.
3. Paziente/venire/ufficio/dottore.
4. Professore/fare/domanda/studente.
5. Essi/venire/casa/mia.
6. Malato/non/sentirsi/bene.
7. Io/dormire/invece/studiare.
8. Tu/non/stare/bene/,avere/mal/stomaco.
9. Dottore/dire/infermiera:/aprire/porta.
10. Padre/dire/figlio:/studiare/molto.

6. Come imparano i ragazzi

I. **Vocabulary Exercises**

A. **Word Groups:** Find words in the story from the same family and tell what both mean.

1. il mare	6. la leggenda
2. la noia	7. il coraggio
3. basso	8. la stanchezza
4. la stupidità	9. rispondere
5. nominare	10. correggere

B. **Synonyms:** Find words of similar meaning in the story.

1. tacere
2. il giorno dopo
3. sciocco
4. fare una domanda
5. ottenere

C. **Antonyms:** Find in the story words of opposite meaning.

1. dimenticare
2. sfiducia
3. andare male
4. andare indietro
5. scrivere

D. Complete the sentences with an appropriate vocabulary item.

1. Una persona che non_____molto, è ignorante.
2. Una_____è una sedia molto comoda.
3. Il_____è un monte della catena delle Alpi.
4. San Marino è una repubblica_____in Italia.
5. L'_____è il nome di un albero.
6. Bisogna leggere il giornale per sapere cosa_____nel mondo.
7. Le Alpi separano_____dall'Europa centrale.
8. Chi è curioso_____molte domande.
9. Per _____ per un esame bisogna studiare molto.

II. Verb Exercises

A. Present tense of *volere* and *sapere*. Complete the sentences.

Io voglio sapere come ti chiami.

Noi_____sapere come_____chiamate.

Essi_____sapere come_____chiamiamo.

Violetta_____andar bene agli esami.

Voi_____.

Noi sappiamo dov'è il Cervino.

Tu_____cos'è l'ippocastano?

Si, io lo_____.

I genitori di Violetta non_____tutto.

Voi_____tutto?

B. Match these irregular familiar affirmative commands with their infinitives.

A	B
1. sii!	a) andare
2. sappi!	b) dire
3. abbi!	c) essere
4. va'!	d) avere
5. vieni!	e) sapere
6. da'!	f) venire
7. di'!	g) dare

III. Writing Stimulus: Describe how you feel about your school work. Write a paragraph of at least 20 words. Following is a list of words that can help you.

esame   facile   difficile   lezioni   compiti

andar bene   aver paura   preferire   domani

fare   silenzio   volere   scuola

Model: Oggi studio molto perché ho un esame difficile domani.

61

7. Don Peppone

I. Vocabulary Exercises

A. Note: *-ista* is a suffix which expresses a profession. Follow the model and tell what the new word means.

Model: la farmacia: il farmacista, la farmacista

1. l'auto
2. il telefono
3. il dente
4. il tennis
5. la musica

6. l'arte
7. l'elettricità
8. l'estremo
9. il bar
10. il giornale

B. **Synonyms:** Find words of similar meaning in the story.

1. restare quì
2. di corsa
3. dolore di stomaco
4. tentare
5. domandare

C. **Antonyms:** Find in the story words of opposite meaning.

1. più tardi
2. dolce
3. niente
4. morbido
5. uscire

D. Complete the sentences with one of the two words in parentheses.

1. In questo negozio si compra (la frutta, gli spaghetti).
2. In questo negozio si comprano (l'aspirina, delle medicine).
3. In una farmacia italiana non (si vendono, si vende) giornali.
4. Dove (si prende, si prendono) l'autobus?
5. Qui (si parla, si parlano) italiano.
6. Queste cose (si capisce, si capiscono) immediatamente.
7. Durante il giorno non (si vede, si vedono) le stelle.

II. Verb Exercises

A. Presente tense of *bere* and *rimanere.* Complete the sentences.

Giorgio beve la medicina.

Io non_____.

Gl'Italiani _____ molto vino.

Papà, che cosa_____?

Ragazzi, che cosa_____?

Io rimango a casa

Il fratello di Giorgio_____a casa.

Anche tu_____.

Noi_____a scuola.

I ragazzi_____.

B. Imperative, second person singular, second person plural (*tu* and *voi*). Follow the model.

Model:

Giorgio, mangia!	Ragazzi, mangiate!	(mangiare)
″ , prendi!	″ , prendete!	(prendere)
″ , offri!	″ , offrite!	(offrire)
″ , pulisci!	″ , pulite!	(pulire)

1. parlare 6. bere
2. vedere 7. venire
3. sentire 8. andare
4. spedire 9. dire
5. mettere 10. partire

C. Match the irregular present participles with their infinitives.

1. facendo a) dire
2. bevendo b) bere
3. dicendo c) tradurre
4. componendo d) fare
5. traducendo 3) comporre

III. Structures: Form sentences using the words in the order given. Refer to the past stories for the correct structures.

1. Fratello/Giorgio/avere/dolor/stomaco.

2. Giorgio/entrare/farmacia/e/chiedere/medicina.
3. Farmacista/tenere/bicchiere/mano.
4. Padre/Violetta/stare/guardare/televisione.
5. Violetta/chiedere/aiuto/padre.
6. Io/stare/bere/caffè.
7. Che/stare/dire/voi?
8. Io/non/stare/fare/niente.
9. Voi/sapere/dove/io/abitare?
10. Don Peppone/rimanere/farmacia/tutto/giorno.

IV. Review

Reflexive verbs: Complete the sentences with the verbs in parentheses in the present tense.

1. Tu _____ per esami. (prepararsi)
2. Noi_____a tavola per mangiare. (mettersi)
3. Chi_____di queste cose? (interessarsi)
4. Il dottore dice al malato: "Prego, _____!" (acco-modarsi)
5. Gli esami_____. (avvicinarsi)
6. Io_____perché mio padre è severo. (preoccuparsi)
7. Tu e tuo fratello_____a guardare la televisione. (divertirsi)
8. Io_____se il programma non è buono. (annoiarsi)

8. Il ragazzino terribile

I. Vocabulary Exercises

A. Word Groups: Find a word in the story which is related to these words.

1. grazie
2. il paese
3. l'autobus
4. guidare
5. il passaggio

6. la fede
7. la sicurezza
8. muoversi
9. la distruzione
10. umoristico

B. Antonyms: Match these words of opposite meaning.

A	B
1. chiasso	a) trovare
2. felice	b) in pericolo
3. al sicuro	c) alzarsi
4. sedersi	d) in fondo
5. perdere	e) nervosa
6. stretto	f) infelice
7. calma	g) silenzio
8. in cima	h) largo

II. Verb Exercises

A. Present tense of *tenere* and *sedersi.* Complete the sentences.

Io tengo il bambino per la mano.

Tu_____.

La madre_____il figlio per la mano.

Essi_____su la testa.

Voi_____.

Giacomino si siede al suo posto.

Tu_____tuo_____.

Io mi_____al_____posto.

Noi_____al_____.

Voi_____.

B. Negative imperative second person singular. In Chapter 5 you have learned how to use the imperative. Look what happens when the *tu* form of the imperative is in the negative form

> Giacomino, entra nella farmacia!
> Giacomino, non entrare nella farmacia!

These sentences are in the affirmative familiar command, change them to their negative form.

1. Prendi l'autobus! _____
2. Parla ad alta voce! _____
3. Abbi pazienza! _____
4. Finisci di studiare! _____
5. Vieni subito! _____
6. Ritorna tardi! _____
7. Va' a scuola! _____
8. Da' fastidio al cane! _____

Which of these sentences do you hear more often? Please make a list of them, and add others that might not have been included.

III. **Writing Stimulus:** First person plural of the imperative: Decide with your friends what you all are going to do or not do this afternoon. Write a paragraph of 5 sentences. Following is a list of words that can help you.

Model: studiare molto   studiamo molto!
                              Non studiamo molto!

uscire presto   restare a casa   andare allo stadio   leggere il giornale
giocare a tennis   bere il caffè   dare una festa   fare una passeggiata
prendere un gelato   invitare degli amici

IV. **Structures:** Form sentences using the words in the order given. Refer to the past stories for the correct structures.

1. Io/andare/Palermo/e/prendere/corriera.
2. Palermo/essere/bella/città/Sicilia.
3. Passeggeri/corriera/essere/cattivo/umore.
4. Giacomino/andare/e/venire.
5. Io/essere/felice/fare/viaggio.
6. Noi/cercare/vivere/onestamente.
7. Tu/decidere/studiare.

8. Io/rimanere/casa/tutto/giorno.
9. Genitori/sedersi/in/poltrona.
10. Lava/venir fuori/vulcano.

9. Il ribelle

I. Vocabulary Exercises

A. Word Groups: Find a word in the story from the same family.

1. il regno
2. la maggioranza
3. la minoranza
4. servire
5. ribellarsi

B. Synonyms: Find words of similar meaning in the story.

1. il cameriere
2. desiderare
3. annoiare
4. i genitori
5. più grande

C. Antonyms: Find words of opposite meaning in the story.

1. l'aristocrazia
2. bianco
3. ad alta voce
4. la guerra
5. falsa

D. Building your Italian vocabulary; from the story you see that *il giornalaio* is the person who sells *giornali.* Follow the model and tell what the other persons sell.

Model: Il giornalaio vende i giornali.

1. il lattaio
2. il salumaio
3. il fioraio
4. il libraio
5. il macellaio

E. Family members: Complete the sentences with the correct word preceded by the possessive adjective.

Model: Il figlio di mio zio è *mio cugino.*

1. Il fratello di mio padre è_____.
2. La sorella di mio padre è_____.
3. Il padre di mia madre è_____.
4. La sorella di mio cugino è_____.
5. La madre di mia madre è_____.

F. Possessive adjectives: Follow the model.

Model: il giornale   il mio giornale

1. la nazione	4. le carte
2. gli occhi	5. il cane
3. il libro	6. la televisione

Model: la classe   la tua classe

1. la scuola	4. il professore
2. gli orecchi	5. i capelli
3. il bravo fratello	6. la brava sorella

Model: Questa è l'amica di Giovanni. *È la sua amica.*

1. Queste sono le amiche di Giovanni. _____.
2. Questa è la chitarra di Giovanni._____.
3. Questo è l'orologio di Maria._____.
4. Questa è la casa di Fido. _____.
5. Questi sono gli amici di Lucia._____.
6. Questo è il piatto della signora._____.

II. Verb Exercises

A. Present tense of *uscire.* Complete the sentences.

Oggi esco alle tre.
A che ora_____tu?
A che ora_____i tuoi genitori?
Noi_____mezzogiorno.
Voi_____una.

B. Match the affirmative and negative familiar commands.

A

1. Non mi dire bugie!

2. Non essere stupido!
3. Non avere paura di dire la verità!
4. Non avere paura di tuo padre!
5. Non andare al cinema!
6. Non uscire ora!
7. Non mi dare acqua!

B

a) Abbi paura di dire bugie!
b) Abbi paura dei tuoi nemici!
c) Esci più tardi!
d) Sii intelligente!
e) Dammi del vino!
f) Dimmi la verità!
g) Va' dal dottore!

10. A che servono i ladri? I

I. Vocabulary Exercises

A. Word Groups: Find a word in the story from the same family word.

    1. la protezione

    2. desiderare

    3. morire

    4. la musica

    5. la proprietà

B. Synonyms: Find words of similar meaning in the story.

    1. temere

    2. andare a letto

    3. rientrare

    4. irritato

    5. qualche volta

C. Antonyms: Find words of opposite meaning in the story.

    1. l'apertura

    2. vivo

    3. esce da casa

    4. intelligente

    5. antico

II. Verb Exercises

A. Present perfect with the auxiliary *essere.* Complete the following sentences, following the pattern. Remember that verbs conjugated with *essere* must agree with the subject.

Complete the sentences.

    I ladri sono entrati in casa.

    Il signor Rolandi_____in negozio.

    Mia madre ed io_____nel cinema.

    Tu e tuo padre_____.

    Maria _____.

Un signore è caduto a terra.

Io_____.

Mario,_____tu?

Ragazzi,_____voi?

Elena e la sua amica_____.

Una signora è uscita dal negozio.

I clienti_____.

Il ragazzo_____.

Ragazze, a che ora_____?

Signor Rolandi, a che ora_____Lei?

B. Complete the sentences with one of the verbs listed.

sente   piace   piacciono   sentono   vende   vendono

1. Nel negozio del signor Rolandi si_____musica moderna.

2. I ladri non fanno rumore, non si_____.

3. Al figlio del signor Rolandi_____gli strumenti musicali.

4. Ai clienti del signor Rolandi non_____la musica classica.

5. Nelle farmacie si_____l'aspirina.

6. Nel negozio del signor Rolandi si_____strumenti musicali.

C. Change the verb from the present progressive to the present tense.

1. stai parlando

2. stanno leggendo

3. sto bevendo

4. state dicendo

5. stiamo partendo

6. sto venendo

7. stai finendo

8. sta cadendo

9. stanno facendo

10. stai uscendo

III. Writing Stimulus: You know that when we speak to someone, we use either the form of *tu* or of *Lei* of the verb we are conjugating, depending upon how familiar we are with that person. Write an Italian sentence in accordance with the instructions contained in each of the sentences below.

1. Di' ad un tuo amico che è simpatico.

   _____

   (di' la stessa cosa ad una tua maestra)

   _____

2. Di' a tua madre che ha molta pazienza.

   _____

   (di' la stessa cosa ad un tuo professore)

   _____

3. Domanda a tuo padre come sta.

   _____

   (fa' la stessa domanda ad un signore)

   _____

4. Domanda a tua madre dove va.

   _____

   (fa' la stessa domanda ad una signora)

   _____

11. A che servono i ladri? II

I. Vocabulary Exercises

A. **Word Building:** The word *bene* or its shortened form *ben* is used as a prefix. Put the prefix in front of these words and, if not sure, check their meaning.

1. dire
2. stare
3. educato
4. essere

5. venuto
6. pensante
7. inteso
8. voluto

B. **Synonyms:** Find words of similar meaning in the story.

1. compagni in un'azione criminosa
2. stupidaggini
3. stanco morto
4. arrabbiarsi
5. beneducati

C. **Antonyms:** Find the words of opposite meaning in the story.

1. pacifico
2. togliersi
3. abbassare
4. ricordare
5. guerra

D. Review of the prepositions *a* and *in*. Complete these sentences with the proper form of the preposition *a*.

1. Il cameriere s'avvicina_____Giovanni.
2. Giovanni non può parlare_____proprietario.
3. La madre di Fido è_____finestra.
4. Mario va_____Università di Padova.
5. Per vedere una partita di calcio si va_____stadio.
6. Io non arrivo_____esami impreparato.
7. Tommaso vuole guardare la televisione fino_____ undici.
8. Giacomino dà fastidio_____ viaggiatori.

Complete these sentences with the proper form of the preposition *in.*

1. Roma è _____ Italia.
2. Giovanni entra _____ trattoria.
3. _____ studio di mio padre ci sono molti libri.
4. San Marino è _____ Italia centrale.
5. _____ autobus c'è molta gente.
6. Io non perdo la calma _____ momenti difficili.
7. _____ farmacie italiane si vendono solo medicine.
8. Mario ha fiducia _____ amici.

III. Verb Exercises

A. Match the past participles in column A with their infinitives in column B.

A	B
1. nato	a) cadere
2. venuto	b) essere
3. morto	c) nascere
4. stato	d) correre
5. caduto	e) diventare
6. corso	f) morire
7. diventato	g) venire

B. Complete the sentences using the present perfect of the verbs in parentheses. Watch out for some of the verbs. Some have irregular past participles.

1. La corriera è _____ dalla piazza. (partire)
2. Alla fine della scuola Fido è _____ a casa. (correre)
3. La signora Barra è _____ con il figlio. (uscire)
4. I genitori di Giacomino non sono _____ . (partire)
5. Le carte sono _____ per terra. (cadere)
6. Il signor Rolandi è _____ nervoso. (diventare)
7. Giovanni è _____ a Napoli. (nascere)
8. Le due signore sono _____ in terrazza. (essere)
9. "Mario, a che ora sei _____?" (arrivare)
10. "Signora Rossi, a che ora è _____?" (arrivare)
11. I ladri sono _____ in casa. (entrare)
12. Il cane è _____ di stanchezza. (morire)

12. Una fidanzata nervosa

I. Vocabulary Exercises

A. **Word Group:** Find a word in the story which is related to these words. Tell what both mean.

    1. l'invito

    2. l'aiuto

    3. cucinare

    4. cinquanta

    5. elegante

B. **Synonyms:** Find words of similar meaning in the text.

    1. dodici

    2. sorride

    3. invitati

    4. patate e piselli

    5. stanza dove si mangia

C. **Antonyms:** Find words of opposite meaning in the text.

    1. pieno   6. calma

    2. brutta   7. gridare

    3. alto   8. separare

    4. prima   9. molti

    5. uscire   10. mandare

II. Verb Exercises

A. Present perfect tense (present of *avere* and the past participle). Complete the sentences.

Tu hai aiutato tua madre.

Lucia_____sua_____.

Voi_____il professore.

Gli studenti_____.

Tu ed io_____maestra.

Mio fratello ha ricevuto un telegramma.

Io_____.
Tu_____lettera.
Voi_____.
Essi_____invito.

Chi ha capito la lettera?
Io_____.
Maria_____tutto.
Voi non_____niente.
Tu_____.

B. Complete the sentences using the present perfect tense of the verbs in parentheses.

    1. Fido_____una lingua straniera. (imparare)

    2. Io_____la domanda. (ripetere)

    3. Tu_____la lezione. (finire)

    4. Mario_____a tennis. (giocare)

    5. Noi_____paura. (avere)

    6. Voi_____tutto il giorno. (sciare)

    7. Tu_____una lettera. (spedire)

    8. Io non_____fastidio al cane. (dare)

    9. Io non_____più niente di Mario. (sapere)

   10. Le due signore_____in terrazza. (chiacchierare)

C. Change these verbs from the present perfect to the present tense.

    1. ho capito   6. ha saputo

    2. hai giocato   7. hai dormito

    3. abbiamo avuto   8. ho ricevuto

    4. avete studiato   9. avete dato

    5. hanno bevuto   10. ha potuto

III. Structures: Form sentences using the words in the order given. Refer to the stories for the correct structures.

    1. Martini/avere/invitare/Rossi/cena.

    2. Giacomino/avere/dare/fastidio/cane.

    3. Si/dire/salute/prima/prendere/aperitivo.

4. Lucia/avere/bisogno/molto/piatto.
5. Il malato/essere/andare/dottore.
6. Tu/dovere/studiare/se/volere/avere/punto/buono.
7. Io/volere/aiutare/mia/sorella.
8. Lucia/stare/ritornare/cucina/mano/vuoto.
9. Lucia/non/avere/capire/madre.
10. Tutti/essere/sedere/salotto.

13. Buon appetito!

I. Vocabulary Exercises

A. Word Building: In Italian one can add the prefix *s-* to certain adjectives and verbs in order to change their meaning. Prefix the following words with *s-* and tell what both mean. Use a dictionary if needed.

Model: cortese (polite)   scortese (rude)

1. conosciuto
2. coprire
3. comodo
4. comporre

5. fortunato
6. vestirsi
7. favorevole
8. vantaggio

B. Synonyms: Find synonyms from the story for these words or phrases.

1. pressappoco
2. la sera seguente
3. quattro settimane
4. dormitina
5. sette giorni

C. Antonyms: Find words of opposite meaning in the story.

1. si siede
2. un altro posto
3. triste
4. orrori
5. tutti e due

D. Cardinal numbers and days of the week: Following the model, complete the sentences.

Model: Il primo giorno della settimana è lunedì.

_____è martedì.

_____terzo_____.

_____giovedì.

_____quinto_____.

_____ultimo_____.

Nota Bene: In Italia la settimana comincia con lunedì e finisce con domenica. I nomi dei giorni sono scritti con le lettere minuscole e sono tutti maschili, eccetto la domenica.

II. Verb Exercises

A. Present perfect of reflexive verbs (present tense of *essere* and past participle of the verb).

Complete the sentences.

Il signor Jones si è fermato a Roma.

Lucia_____in cucina.

Il signor Jones e l'amico_____a parlare.

Mia madre ed io_____.

Voi_____.

Tutti si sono seduti in salotto.

Il signor Martini_____.

Lucia e sua madre_____in cucina.

Maria, dove_____tu?

Signora, dove_____Lei?

Stamane mi sono vestito presto.

Giovanni, a che ora_____tu?

I miei fratelli_____presto.

Le mie sorelle_____.

Mio padre_____.

B. Change these verbs from the present perfect to the present tense.

1. siamo arrivati
2. sei venuto
3. sono uscita
4. siete partiti
5. è stato

6. ci siamo avvicinati
7. mi sono alzata
8. si è seduto
9. ti sei fermato
10. vi siete annoiati

III. Review

A. Complete the sentences using the present tense of the verbs in parentheses.

1. Mario_____ giocare a tennis. (pensare di)
2. Io_____andare all'università. (decidere di)
3. Fido_____parlare una lingua straniera.
   (cominciare a)

80

4. Noi_____studiare alle tre. (smettere di)

5. I Rossi_____fare una visita ai Martini. (andare a)

6. Tu mi_____entrare. (permettere di)

7. Voi_____mangiare molta frutta. (avere bisogno di)

8. Il cameriere non_____ingannarmi. (cercare di)

9. I miei genitori_____partire. (prepararsi a)

10. Io_____essere preparato. (credere di)

B. Change the underlined words to adverbs and add them to the new sentences. (Refer to Chapter II.)

Model: Questa macchina è *elettrica.*
Funziona elettricamente.

1. La spiegazione del maestro è *chiara.*
Spiega_____.

2. Parla in modo *volgare.*
Parla_____.

3. È una signora molto *gentile,*
e offre_____i dolci a Carletto.

4. Lucia è *timida,*
e risponde alla madre_____.

5. Il suo arrivo è *probabile,*
arriva_____domani.

6. Il padre di Mario è *severo.*
Parla ai figli_____.

14. Io non capisco

I. Vocabulary Exercises

A. **Word Building:** Some Italian and English words have similar sounds, but different meanings. Check these false cognates in your dictionary.

1. disgrazia
2. ginnasio
3. asilo
4. magazzino
5. simpatia

B. **Synonyms:** Match these words of similar meaning.

A	B
1. la processione	a) le nozze
2. il matrimonio	b) la gente
3. il marito	c) la terra
4. le persone	d) il corteo
5. il suolo	e) lo sposo

C. **Antonyms:** Find words of opposite meaning in the story and tell what both mean.

1. lontano da
2. notte
3. povero
4. comprare
5. ultimo
6. dolce
7. entrata
8. allontanarsi
9. fortuna
10. nato

II. Verb Exercises

A. Give the infinitive for the irregular past participles.

1. scritto
2. detto
3. fatto
4. messo
5. aperto
6. visto
7. stato
8. risposto
9. venuto
10. preso

B. Change these verbs to the present tense.

1. ha scritto
2. hai detto
3. hanno fatto
4. siamo venuti
5. ho aperto

6. si è alzato
7. siamo stati
8. abbiamo messo
9. è uscito
10. ci siamo sposati

C. Change the verbs from the present to the present perfect tense.

1. sente
2. portano
3. mangio
4. vendono
5. capite

6. cadiamo
7. arrivate
8. partono
9. ti sposi
10. mi alzo

D. Complete the sentences in the present perfect tense of the verbs in parentheses.

1. I turisti_____l'autobus. (fermare)
2. I turisti_____a Milano. (fermarsi)
3. Lucia_____i piatti sulla tavola. (mettere)
4. Lucia_____a studiare. (mettersi)
5. La madre_____Fido alle sette. (svegliare)
6. Fido_____alle sette. (svegliarsi)
7. Io_____la valigia. (preparare)
8. Io_____agli esami. (prepararsi)
9. Noi non_____il professore. (annoiare)
10. Noi_____al cinema. (annoiarsi)

III. Writing Stimulus: Describe what the characters *did* in the story you have read in Chapters 10 and 11. Write a paragraph of 5 complete sentences. Below is a list of words that can help you in the description.

Model: Il cane ha abbaiato tutto il giorno.

1. abbaiare
2. addormentarsi
3. svegliare
4. alzarsi
5. suonare

6. perdere
7. entrare
8. sentire
9. mettere
10. vedere

11. subito
12. tutto il giorno
13. in casa
14. il fucile
15. di cattivo umore

16. la calma
17. nei sacchi
18. niente
19. nel salotto
20. rumore

15. Il minestrone meraviglioso

I. Vocabulary Exercises

A. **Word Groups:** Find a word in the story from the same word family and tell what both mean.

1. la furia		6. regalare
2. la Calabria		7. ingannare
3. il permesso		8. mendicare
4. la truffa		9. bollire
5. vagare		10. sorprendere

B. **Synonyms:** Find words of similar meaning in the story.

1. piccolo bastone
2. a buon mercato
3. piccolo pezzo
4. frode
5. venire dentro

C. **Antonyms:** Find words of opposite meaning in the story.

1. la sete
2. prima di
3. la volta scorsa
4. il caldo
5. orribile

D. Choose a word which completes the sentence from those listed below.

fornello   pane   danaro   tasca   pentola   inverno
accetta   fucile   zingari   legumi

1. Fa freddo d'_____.
2. Un mendicante di solito chiede_____.
3. Si fa la minestra in una_____.
4. Si mette la pentola sopra il_____.
5. Conservo il danaro in_____.
6. Cipolle, fagioli e piselli sono_____.
7. Gli_____viaggiano molto.

8. Si taglia la legna con l'_____ .

9. Il panettiere vende_____.

10. Si va a caccia con il_____.

E. Months. Follow the model.

L'anno
Trenta giorni ha novembre, con aprile,
giugno, e settembre. Di ventotto ce
n'è uno; tutti gli altri ne han trentuno.

Il mese di aprile ha trenta giorni.

_____gennaio_____.

_____giugno_____.

_____febbraio_____.

_____marzo_____.

_____maggio_____.

_____luglio_____.

_____settembre_____.

_____ottobre_____.

II. Verb Exercises: Review of 1-15

A. Complete the chart of regular present tense verbs.

	ritornare	rispondere	partire	spedire
tu	_____	_____	_____	_____
noi	_____	_____	_____	_____
io	_____	_____	_____	_____
Maria	_____	_____	_____	_____
essi	_____	_____	_____	_____

B. Complete the chart using the present progressive tense (present of *stare* and the present participle).

	pensare	prendere	finire
noi	_____	_____	_____
io	_____	_____	_____
egli	_____	_____	_____
voi	_____	_____	_____
tu	_____	_____	_____

C. Complete the chart with the present perfect tense (present of *avere* and the past participle).

	comprare	credere	capire
esse	_____	_____	_____
io	_____	_____	_____
noi	_____	_____	_____
tu	_____	_____	_____
voi	_____	_____	_____

D. Complete the chart with the present perfect tense (present of *essere* and the past participle).

	andare	cadere	uscire
Mario, tu	_____	_____	_____
Maria, tu	_____	_____	_____
Mario, tu e tuo fratello	_____	_____	_____
Maria, tu e tua sorella	_____	_____	_____
I miei amici	_____	_____	_____
Le mie amiche	_____	_____	_____

E. Complete the sentences with the required form and tense of the verbs in parentheses.

1. Ho_____la voce di mia madre. (sentire)
2. Avete_____fuori la legna. (portare)
3. Noi_____a scuola ogni giorno. (andare)
4. Mario è_____presto. (arrivare)
5. I nonni hanno_____dei regali. (comprare)
6. Di solito io_____a casa tre. (ritornare)
7. Noi _____fiducia nel dottore. (avere)
8. Signora, in che mese è_____Lei? (nascere)
9. Ragazzi, dove siete_____? (essere)
10. Il vagabondo ha _____tutto. (mangiare)

Review of 1-15

I. Vocabulary

A. Complete the sentences with one of the words in parentheses.

1. Una rivista illustrata e`(un giornale, un magazzino).
2. Se qualcuno muore improvvisamente è(una disgrazia, una mortificazione).
3. Mio padre e mia madre sono i miei (genitori, parenti).
4. Il proprietario di una farmacia è (il farmacista, la farmacista).
5. Una persona beneducata è (di belle maniere, andata a scuola).
6. In un ristorante all'aperto si mangia (dentro, fuori).
7. Chi ha ragione (non ha torto, non ragiona bene).
8. Il bicchiere è vuoto, (non c'è più, c'è ancora) una goccia.
9. In un ginnasio (si studia, si fa sport).
10. Un mendicante (medica, chiede l'elemosina).

II. Verb Exercises

Rewrite each of the verbs in italics in the corresponding form of the present perfect.

Un freddo giorno d'inverno un mendicante *bussa* alla porta di un contadino. Il contadino *apre* la porta e lo *fa* entrare. Il mendicante *si siede* subito, e *chiede* una cipolla e delle carote. La moglie del contadino, che *entra* nella cucina, gli *dà* tutto.

88

Master Italian-English Vocabulary

Master Italian-English Vocabulary

A

a, ad   at, to
   a che ora?   at what time
   a volte   at times
   alla volta   at the same time
abbaiare   to bark
abbassare   to lower
abbastanza   enough
abitante *(m)*   inhabitant
abitare   to live, to dwell
abito   suit
accettare   to accept
accomodarsi (m'accomodo)   to make one-
   self comfortable, to sit down
accordo   agreement
   andare d'accordo con . . .   to get on
   well with . . .
acqua   water
addormentarsi (m'addormento)   to fall
   asleep
adesso   now
aereo   airplane
affatto   quite
   non . . . affatto   not at all
affidare   to entrust
affittare   to rent
agli   a + gli
agosto   August
ah!   ah!
ahimè   alas
ai   a + i
aiutare   to help
aiuto   help
al   a + il
albergo   hotel
alcuno   some
all'   a + l'
alla   a + la
alle   a + le
allegro   cheerful
allontanarsi (m'allontano)   to go away
allo   a + lo
allora   then
almeno   at least
alto   high, tall
   ad alta voce   aloud

altrettanto   as much
   altrettanto a Lei   same to you
altrimenti   otherwise
altro   other
alunno   pupil
alzare   to lift
   alzarsi (m'alzo)   to rise, to get up
amare   to love
amaro   bitter
ambizioso   ambitious
americano   American
amicizia   friendship
amico   friend
ammazzare   to kill
ammirare   to admire
anche   also
ancora   still, yet
andare (vado)   to go
angolo   corner
animale   animal
anno   year
annoiare   to bore
annoiarsi   to be bored
annoiato   bored
antico   ancient
antipasto   appetizers
aperto *(p. part. of aprire)*   open
   all'aperto   outdoors
aperitivo   before dinner drink
apertura   opening
apparecchiare   to get ready, set a table
appartamento   apartment
appena   as soon as, scarcely
appetito   appetite
aprile   April
aprire *(p. part. aperto)*   to open
aria   air
arrivare   to arrive
arrivederci!   till we meet again!
arrosto   roast; *(adj.)* roasted
arte *(f)*   art
ascoltare   to listen, to listen to
asilo   kindergarten
aspettare   to wait, to wait for
aspetto   appearance
assente   absent
attaccare   to attach, bind

attento   attentive
attenzione *(f)*   attention
autista *(m)*   driver
automobile *(f)*   automobile
autunno   autumn, fall
avere (ho)   to have
avvenire *(p. part. avvenuto)*   to happen
avventura   adventure
avvicinarsi (m'avvicino)   to approach, draw
near
avvocato   lawyer

B

bagno   bath, bathing
   stanza da—   bathroom
baia   bay
balcone   balcony
ballare   to dance
bambino   baby
barba   beard
basso   low
bastare   to be enough
bastone *(m)*   stick
bastoncino   short stick
bello   beautiful, handsome, fine
bene   well
   sta bene   all right
   va bene   all right
benedire   to bless
beneducato   well-bred
benessere *(m)*   well-being
beninteso   of course
benpensante *(m)*   well-thinking person
benvenuto   welcome
benvoluto   well-liked
bere *(bevo; p. part. bevuto)*   to drink
bianco   white
bicchiere *(m)*   glass
biglietto   card, ticket
bisogno   need
   aver —di   to need
bocca   mouth
bollente   boiling
bottiglia   bottle
braccio   arm
breve   brief
bruciare   to burn
brutto   ugly
bugia   lie
buono   good

buon giorno   good morning, good day
con le buone   gently
burro   butter
bussare   to knock

C

cacciare   to go hunting
cadere   to fall
caffè *(m)*   coffee; café
cagnolino   puppy
calcio   kick; football (soccer)
caldo   warm
   fa   it's warm
calmare   to calm
cambiare   to change
camera da letto   bedroom
cameriere *(m)*   waiter, steward
camminare   to walk
campagna   countryside
cancellare   to erase
candela   candle
cane *(m)*   dog
cantare   to sing
canzone   song
capello   hair
capire (capisco)   to understand
cappello   hat
Carletto   Charlie
Carlo   Charles
carne *(f)*   meat, flesh
caro   dear, expensive
carta   paper
   mazzo di carte   deck of cards
casa   house
catena   chain
cattivo   bad
cauto   cautious
cavaliere *(m)*   rider
cavallo   horse
cena   supper
cento   one hundred
centro   center
cercare   to look for
certamente   certainly
certo   certain, sure
che *(conj.)*   that
che *(pron.)*   who, whom, that, which,
   what, what a
chi   he who, him who, one who, a man who
   chi?   who? whom?

chiacchierare   to chat
chiamare   to call, call on
   mi chiamo   my name is
chiaro   clear
chiaramente   clearly
chiasso   racket, lots of noise
chiedere (p. part., chiesto)   to ask
chiesa   church
chilometro   kilometer
chitarra   guitar
chiudere (p. part., chiuso)   to close, turn
   off, shut
chiusura   closing
   ora di chiusura   closing time
ci (adv.)   here, there, in it
   c'è   there is
   ci sono   there are
ci (pron.)   us, to us, ourselves, to ourselves
ciao   hello! goodbye!
ciarlatano   quack
cibo   food
cielo   sky, heaven
cima   top, summit
cinema (m.)   cinema, movie
cinquanta   fifty
cinquantina   about fifty
cioccolata   chocolate
cipolla   onion
circa   about, around, nearly
città   city
cittadina   small town
classe (f)   class
clima (m)   climate
coda   tail
colazione (f)   breakfast, lunch
   fare colazione   to have breakfast
   prima colazione   breakfast
colore (m)   color
colpire   to hit
come   as, just as, like, how
   come sta?   how are you?
   com'è bello!   how beautiful it is!
   come va?   how are you?
cominciare   to begin, start
comizio   meeting
commerciante (m)   dealer
comodo   comfortable
compito   homework, assignment
comporre (compongo)   to compose
comportarsi   to behave
compositore (m)   composer

comprare   to buy
con   with
condizione (f)   condition
confuso   confused
coniare   to coin, to mint
conoscere   to know, to meet
consigliare   to advise
consultare   to consult
contadino   peasant
contare   to count
   contare di   to plan
continuare   to continue
continuazione   continuation
   in continuazione   continually
contorno   outline
   carne con contorni   meat and vegetables
conversazione (f)   conversation
coprire (p. part., coperto)   to cover
coraggio   courage
coricarsi (mi corico)   to lie down, to go to
   bed
corpo   body
correre (p. part., corso)   to run
   di corsa   at a run
correggere (p. part., corretto)   to correct
corriera   coach, bus
corteo   procession
cortesia   kindness, politeness
cosa   thing, matter
   che cosa?   what?
così   so, thus
costume (m)   costume
credere   to believe, think
criticare   to criticize
crudele   cruel
cucina   kitchen
cucinare   to cook
cugino   cousin
cuoco   cook
cuore (m)   heart
curioso   curious

D

da   from, by, to, for
dà (pres. of dare)   gives
dagli   da + gli
dai   da + i
dal   da + il
dall'   da + l'
dalla   da + la

dalle   da + le
dallo   da + lo
danaro   money
danneggiare   to damage
danno   damage
dare   to give
davanti *(a)*   before, in front of
decidere *(p. part., deciso)*   to decide
degli   di + gli
dei   di + i
del   di + il
delizioso   delicious
dell'   di + l'
della   di + la
delle   di + le
dello   di + lo
deluso   disappointed
democrazia   democracy
dente *(m)*   tooth
dentista *(m or f)*   dentist
dentro *(a)*   inside
desiderare *(di)*   to wish
destro   right
   a destra   to the right
di   of
   di + def. art.   some
dicembre *(m)*   December
dieci   ten
dietro *(a)*   behind
differente   different
differenza   difference
difficile   difficult
dimenticare   to forget
dire *(dico, p. part., detto)*   to say, tell
disgrazia   bad luck
distinto   distinct
   avere l'aria   to look distinguished
distruggere *(p. part., distrutto)*   to destroy
diventare   to become
diverso   different
divertire   to amuse
dodici   twelve
dolce   sweet
domanda   question
domandare *(a)*   to ask (of), to ask for
domani   tomorrow
domenica *(f)*   Sunday
donna   woman
dopo (di)   after
   dopo poco   soon after
dopodomani   the day after tomorrow

dormire   to sleep
dottore *(m)*   doctor
dove   where
dovere (devo)   to have to
dozzina   dozen
due   two
   tutt'e due   both
duomo   cathedral
durante   during

E

e, ed   and
ebbene   well
ecco   here is, here are
educazione *(f)*   education
egli   he
elegante   elegant
eleganza   elegance
elemosina   alms, charity
elettricità   electricity
elettrico   electric
ella   she
emettere   to issue
entrare in   to enter
eruzione *(f)*   eruption
esame *(m)*   exam
esaminare   to examine
esausto   exhausted
esclamare   to exclaim
esempio   example
esistere   to exist
esitare   to hesitate
essere *(sono, p. part., stato)*   to be
   —in ritardo   to be late
essi   they
estate *(f)*   summer
estinto   extinguished
estremista *(m & f)*   extremist
Europa   Europe
europeo   European
evidentemente   evidently

F

fa   ago
   poco fa   a short time ago
faccia   face
facile   easy
facilmente   easily
fagiolo   bean

falso   false
fame *(f)*   hunger
    avere fame   to be hungry
famiglia   family
famoso   famous
fare *(faccio, p. part., fatto)*   to do, to make
farmacia   pharmacy
farmacista *(m & f)*   druggist
fastidio   trouble
    dare fastidio   to bother
favore *(m)*   favor
    per favore   please
favorevole   favorable
fede *(f)*   faith, trust
febbraio   February
felice   happy
femminile   female
fermare   to stop
    fermarsi   to stay
feroce   fierce
festa   feast, holiday
festeggiare   to celebrate
festivo   festive
    giorno festivo   holiday
fiatare   to breath
fiato   breath
fidanzarsi (mi fidanzo)   to get engaged
fidanzato   fiancée
fiducia   faith
figlia   daughter
figlio   son
finalmente   finally
fine   end
finestra   window
finire (finisco)   to finish
fino   until
fiore *(m)*   flower
fondato   founded
fondo   bottom
formaggio   cheese
fornaio   baker
fornello   stove
forno   oven
forse   perhaps
forte   strong
fortuna   fortune
fortunato   fortunate
fra   between, among
francobollo   stamp
fratello   brother
freddo   cold

fa freddo   it's cold
frequentare   to frequent
fretta   haste
    aver fretta   to be in a hurry
frutta   fruit
fucile *(m)*   gun
fumo   smoke
funebre   funeral
furioso   furious

G

gatto   cat
gelato   frozen, ice cream
genitore *(m)*   parent
gennaio   January
gente *(f)*   people
gentile   kind
geometria   geometry
gesso   chalk
già   already
giallo   yellow
ginnasio   high school
giocare   to play
gioco   game
gioia   joy
giornale *(m)*   newspaper
giorno   day
giovane   young
giovedì *(m)*   Thursday
girare   to turn, to go around
giù   down
giugno   June
giusto   just
gli *(art. pl. of lo)*   the
gli *(pron.)*   to him
goccia   drop
governo   government
grande   large, big
grazie   thanks
gridare   to shout
grosso   bulky
guardare   to look, to look at
guerra   war
gusto   taste
gustoso   tasty

I

i *(art. pl. of il)*   the
idea   idea

ieri   yesterday
ignoranza   ignorance
ignoto   unknown
il   the
imitare   to imitate
immaginare   to imagine
immediatamente   immediately
imparare   to learn
impaziente   impatient
implicazione   implication
importante   important
importanza   importance
in   in, into
incidente (m)   accident
incontrare   to meet
incoraggiare   to encourage
indicare   to point at
indietro   behind
   andare indietro   to go backwards
indipendente   independent
infatti   in fact
infermiera   nurse
ingannare   to cheat
inganno   deception
ingegnere (m)   engineer
Inghilterra   England
inglese   English
innocente   innocent
insinuazione (f)   insinuation
intanto   meantime, meanwhile
intelligente   intelligent
intenzione (f)   intention
interessante   interesting
interessarsi (m'interesso) di   to be inter-
   ested
intorno (a)   around
invece   instead, on the other hand, on the
   contrary
invitare   to invite
invitato   guest
invito   invitation
io   I
irritato   annoyed
isola   island
Italia   Italy
italiano   Italian

L

la (art.)   the

la (pro.)   her, it
La (pron.)   you
lacrima   tear
ladro   thief
lago   lake
largo   wide, broad
lasciare   to leave
latte (m)   milk
lavagna   blackboard
lavare   to wash
lavorare   to work
lavoro   work
le (art. pl. of la)   the
le (pron.)   to her (it), them
Le (pron.)   you
leggere (p. part. letto)   to read
leggenda   legend
legno   wood
legume (m)   legume
Lei   you
lento   slow
leone (m)   lion
lettera   letter
letteratura   literature
letto   bed
letto (irr. p. part of leggere)   read
lettura   reading
lezione (f)   lesson
li (pron.)   them
Li (pron.)   you
lì (adv.)   there
libero   free
libraio   bookseller
liberia   bookcase; bookshop
liceo   state secondary school
lingua   tongue, language
lo (art.)   the
lo (pron.)   him; it; so
logica   logic
lontano   far, far away, distant
loro (pers. pron.)   them, to them
loro (poss. adj. or pron.)   their, theirs,
   your, yours
Loro   you, to you
luce (f)   light
luglio   July
lui   him
lume (m)   light, lamp
luna   moon
lunedì (m)   Monday
lungo   long

96

M

ma   but
macchina   machine; automobile, car
macellaio   butcher
madre *(f)*   mother
maestro, maestra   teacher
magazzino   store
maggio   May
maggiore   major, elder
magnifico   magnificent
mai   ever, never
male   badly
   far male   to hurt
mamma   mother
manciata   handful
mandare   to send
mandolino   mandolin
mangiare   to eat
mano   hand
mare *(m)*   sea
Maria   Mary
Mario   Marius
marito   husband
martedì   Tuesday
marzo   March
matematica   mathematics
matrimonio   wedding
mattina   morning
mattiniero   early-rising
medicina   medicine
medico   physician, doctor
meglio   better, best
mendicante *(m)*   beggar
meno   less, minus
mentre   while
menzionare   to mention
meraviglia   wonder, marvel
mercato   market
mercoledì *(m)*   Wednesday
mese *(m)*   month
metro   meter
mettere *(p. part., messo)*   to place, put
   mettersi   to start
mezzanotte *(f)*   midnight
mezzo   half, a half
mezzogiorno   noon, midday
mi   me, to me, myself, to myself
migliorare   to improve
migliore   better, best
mille   one thousand

minimo   minimum
minuto   minute
mio *(pl., miei)*   my, mine
mischiare   to mix
modo   manner, way
moglie *(f)*   wife
molto *(adj.)*   much, many, a great deal of
molto *(adv.)*   very, quite, a great deal
momento   moment
monarchia   monarchy
moneta   coin, money
mondo   world
montagna   mountain, mount
monumento   monument
morbido   soft
morire *(p. part., morto)*   to die
mostrare   to show, point out
movimento   movement
muovere *(p. part., mosso)*   to move
musica   music
musicista *(m)*   musician

N

nascere *(p. part. nato)*   to be born
naso   nose
natura   nature
naturalmente   naturally, of course
nazione *(f)*   nation
ne *(pron.)*   of it, of them, about it, about
   them
nè   nor
negare   to deny
negli   in + gli
negozio   store, shop
nei   in + i
nel   in + il
nell'   in + l'
nella   in + la
nelle   in + le
nello   in + lo
nero   black
nervoso   nervous
nessuno   nobody, not any
niente   nothing
nipote *(m. or f.)*   nephew, niece, grandson,
   granddaughter, grandchild
no   no
noi   we
noia   weariness
nome *(m.)*   name, noun

nominare   to name
non   not
nonna, la nonna   grandmother
nonno, il nonno   grandfather
nostro   our, ours
notare   to note
notizia   news
notte *(f.)*   night
notturno   nocturnal
nove   nine
novembre   November
nozze   wedding (pl.)
nube *(f.)*   cloud
nulla   nothing
nuovo   new

O

o   or
occhio   eye
occupare   to occupy
offrire *(p. part. offerto)*   to offer
oggi   today
ogni   every
ognuno   everyone, each one
operazione *(f)*   operation
opportunità   opportunity
ora *(adv.)*   now
ora *(noun)*   hour
orecchio   ear
oro   gold
orologio   watch
orribile   horrible
orrore *(m.)*   horror
oscuro   dark
ospite *(m.)*   guest
osservare   to observe
ottenere (ottengo)   to obtain, to receive
ottimo   excellent
otto   eight
ottobre   October

P

pace *(f.)*   peace
padre *(m.)*   father
pagare   to pay
palla   ball
pallacanestro   basketball
pane *(m.)*   bread
panettiere *(m.)*   baker

pantaloni *(m. pl.)*   trousers
papà *(m.)*   dad
parentesi *(f)*   parenthesis
parere *(paio, p. part. parso)*   to seem
parlare   to speak
parola   word
parte *(f.)*   part
partire   to depart, leave
partita   game
partito   party (political)
passaggio   passage
passare   to pass, to spend (time)
passeggiata   walk, ride
   fare una passeggiata   to take a walk
passo   step
   fare quattro passi   to go for a stroll
passeggiero   passenger
patata   potato
patria   fatherland
paura   fear
   avere paura   to be afraid
paziente   patient
pazienza   patience
peccato   sin
   che peccato!   too bad!
pensare   to think
pensione   boardinghouse
pentola   pot
pepe *(m.)*   pepper
Peppone   Joe
per *(conj.)*   in order to
per *(prep.)*   for, because of
perciò   so, therefore
perché   why, because
perdere *(p. part. perso)*   to loose
pericolo   danger
permettere *(p. part. permesso)*   to allow,
   to permit
però   however
persona   person
pesce *(m.)*   fish
pezzo   piece
piacere *(n. m.)*   pleasure
   per piacere   please
piacere *(verb)*   to please
   Le piace   you like
   mi piace   I like
piangere *(p. part. pianto)*   to cry
piano *(adv.)*   slowly
piano *(noun)*   floor
piatto   dish

piazza   square
piccolo   small
piede *(m.)*   foot
pieno   full
pisello   pea
pisolino   nap
più   more
poco or po'   little; *(pl.)* few
poi   then, afterward
pollo   chicken
poltrona   armchair
pomeridiano   in the afternoon
pomeriggio   afternoon
popolo   people
porta   door
portare   to carry, to bring
porto   harbour
portone *(m.)*   front door
posto   place
potere (posso)   to be able
povero   poor
pranzare   to dine
pranzo   dinner
   sala da pranzo   dining room
pratico   practical
preghiera   prayer
preferire (preferisco)   to prefer
prego!   please, don't mention it
prendere *(p. part. preso)*   to take
preoccupare   to worry
preoccuparsi   to be worried
preparare   to prepare
prepararsi   to get ready
presentare   to present
presente   present
pressappoco   about
presto   soon
prezzo   price
prigione *(f.)*   prison
prima (di)   before
primavera   Spring
primo   first
principio   beginning
probabile   probable
processione *(f.)*   procession
professore *(m.)*   professor
profondo   deep
promosso   (a scuola) passed
pronto   ready
proprietario   owner
proprio *(adj.)*   own

proprio *(adv.)*   just
proteggere   to protect
protezione *(f.)*   protection
proverbio   proverb
provincia   provence
pubblicità   advertising
pulire (pulisco)   to clean
punto   dot, period
   in punto   on the dot
   in . . . di piedi   on tiptoe
pure   also

Q

quà   here
quadrato   square
qualche   some
quale   what, which
qualcuno   someone
qualità   quality
quando   when
quantità   quantity
quanto   how much; *(pl.)* how many
quarto   fourth, quarter
quello, quel   that, that one
questo   this
qui   here

R

raccomandare   to recommend
raccontare   to relate, tell
racconto   story
radersi   to shave
ragazza   girl, child
ragazzino   little boy
ragazzo   boy, child
raggio   ray
raggiungere   to reach, to arrive, to get
ragione *(f.)*   reason
rallegrarsi   to become happy
rattristarsi   to become sad
re *(m.)*   king
recitare   to recite, act
regalare   to present
regalo   present, gift
regina   queen
regnare   to reign
restare   to remain
ricco   rich
ridere *(p. part. riso)*   to laugh

riempire   to fill up
rientrare   to reenter
rimanere *(p. part. rimasto)*   to remain, to stay
ringraziare   to thank
ripetere   to repeat
riposarsi **(mi riposo)**   to rest
riposo   rest
riscaldare   to warm
riscaldarsi **(mi riscaldo)**   to get warm
riso   laugh, laughter
rispondere *(p. part. risposto)*   to answer
risposta   answer, reply
ristorante *(m.)*   restaurant
ritornare   to return
riuscire **(riesco)**   to succeed
rivedere   to see again, to meet again
rubare   to steal
rumore *(m.)*   noise

S

sa *(irr. pres. ind. of sapere)*   knows
sabato   Saturday
sacco   bag
sala   hall
   sala d'aspetto   waiting room
sale *(m.)*   salt
salotto   living room, parlor
salutare   to greet
salute!   bless you!
saluto   greeting
sano   healthy
sapere **(so)**   to know (a thing or a fact)
sbaglio   mistake
scala   stairs
scappare   to escape, to run away
scarpa   shoe
scatola   box
scavo   excavation
scegliere *(p. part scelto)*   to choose, select
scendere *(p. part. sceso)*   to descend, go down, step down
sciare   to ski
scienza   science, learning
scienziato   scientist
sciocco   fool
sconosciuto   stranger
scontento   dissatisfied
scorso   run out, past, last
scortese   rude, impolite

scrivere *(p. part. scritto)*   to write
scuola   school
scusare   to excuse
se   if, whether
sé, sé **stesso**   himself, herself, itself, themselves
secondo   second
seguente   following
seguire *(seguo)*   to follow
semplice   simple
sempre   always, ever
sentire   to feel, hear, listen
senza   without
separare   to separate, divide
sera   evening
servire   to serve
servitore *(m.)*   waiter
seta   silk
sete *(f.)*   thirst
   avere sete   to be thirsty
settembre *(m.)*   September
settimana   week
severo   severe
sfavorevole   unfavorable
sfiducia   distrust
si   himself, herself, itself, themselves, to himself (herself, itself, themselves)
sì   yes
siamo *(irr. pres. ind. of essere)*   we are
siccome   as, since
sicuro   sure, safe
signora   lady, madam, Mrs.
signore *(m.)*   gentleman, sir, man, Mr.
silenzio   silence
simpatia   liking
simpatico   nice
sincero   sincere
smettere   to stop
sogno   dream
solamente   only
sole *(m.)*   sun, sunlight
solito   usual
   di solito   usually
solo   alone
solanto   only
sommare   to add
sonno   sleep
   avere sonno   to be sleepy
sono *(irr. pres. ind. of essere)*   I am, they are
sopra   on, upon, above

soprattutto   above all
sorella   sister
sorprendere   to surprise
sorpreso   surprised
sorridere *(p. part. sorriso)*   to smile
sorriso   smile
sorvolare   to fly over
sospetto   suspicious
sospiro   sigh
sotto   under
spaghetti   spaghetti
spagnolo   Spanish
spalla   shoulder
sparare   to shoot
spedire (spedisco)   to send, to dispatch
spendere *(p. part. speso)*   to spend
spesa   expense
spesso   often
spiegare   to unfold
sport   sport
sposare   to marry
sposo   bridegroom
stagione *(f.)*   season
stamani   this morning
stanco   tired
stanotte   tonight.
   la notte scorsa   last night
stanza
   stanza da pranzo   dining room
stare   to be, to stay
stato   state
   gli Stati Uniti   the United States
stazione *(f.)*   station
stella   star
stesso   same
stomaco   stomach
storia   history, story
straniero   foreign
strano   strange
stretto   narrow
stringere *(p. part. stretto)*   to press
   tenere stretto   to hold tight
studente *(m.)*   student
studiare   to study
studio   study
stufa   stove
stupido   stupid
su   on, upon
subito   immediately
succedere *(p. part. successo)*   to happen
sugli   su + gli

sui   su + i
sul   su + il
sull'   su + l'
sulla   su + la
sulle   su + le
sullo   su + lo
suo *(pl. suoi)*   his, her, your
suolo   ground
suonare   to sound, play (an instrument)
suono   sound
supplicare   to beg
sussurrare   to whisper
svantaggio   disadvantage
svegliare   to awaken
svestirsi (mi svesto)   to undress

T

tacere   to be silent
tagliare   to cut
tanto   so much; pl. so many
   di tanto in tanto   once in a while
tardi   late
tasca   pocket
tavola   table
tavolo   table
tazza   cup
telefonare   to telephone
temere   to fear
tempo   time
tenere   to keep
   tenere su la testa   to hold one's head
      up
   tenere qualcuno per la mano   to hold
      someone by the hand
tentare   to try
terra   earth, land, ground
terrazza   terrace
terzo   third
tesoro   treasure
testa   head
ti   you, to you, yourself
timido   shy
tipo   type
tirare   to pull
toccare   to touch
Tommaso   Thomas
tono   tone
torto   wrong
   aver torto   to be wrong
Toscana   Tuscany

tovaglia   tablecloth
tra   between
tradurre *(traduco, p. part. tradotto)*   to translate
trattoria   restaurant
tre   three
trenta   thirty
triste   sad
tristezza   sadness
troppo   too much; pl. too many
trovare   to find
truffare   to swindle
truffatore   swindler
tu   thou, you
tuo (tuoi)   your
turista *(m. & f.)*   tourist
tutto   all
   tutti   everybody

U

uccello   bird
ufficio   office
ultimo   last
umore *(m.)*   humor
un, uno, una, un'   a, an one
undicesimo   eleventh
undici   eleven
unico   only, one
università   university
uomo (pl. uomini)   man
usare   to use
usanza   custom
uscire (esco)   to go out
uscita   exit
utile   useful

V

vacanza   vacation
vacca   cow
vantaggio   advantage
varietà   variety
vaso   vase

vecchio   old
vedere   to see
vendere   to sell
venerdì *(m.)*   Friday
venire *(vengo, pa. part. venuto)*   to come
ventilazione *(f.)*   ventilation
veramente   really
verità   truth
vero   real, true
versare   to pour
   versare lacrime   to shed tears
verso   toward
vestire   to dress
vestirsi (mi vesto)   to get dressed
vestito   dress
vetraio   glazier
vetrina   shop-window
vetro   glass
vi   you, to you, yourself, yourselves
via *(adv.)*   away
via *(noun)*   street
vicino   near
vincere *(p. part. vinto)*   to win
vino   wine
visita   visit
visto *(p. part. of vedere)*   seen
voce *(f.)*   voice
   ad alta voce   aloud
voglia   wish
voi   you
volgare   vulgar
volere (voglio)   to want
   che vuole dire?   what does it mean?
volta   time
vostro   your
voto (a scuola)   marks
vuoto   empty

Z

zero   zero
zia   aunt
zio   uncle
zitto   silent
   sta zitto   keep quiet

NTC ITALIAN TEXTS AND MATERIALS

Multimedia Course
Italianissimo 1(Student Book, Annotated Teacher's
  Edition, Activity Book, 4 videocassettes, 4 audio-
  cassettes or 4 compact discs)
Italianissimo 2 (Student Book, Activity Book,
  4 videocassettes, 4 audiocassettes)

Computer Software
Basic Vocabulary Builder on Computer in Italian

Language Learning Material
NTC Language Learning Flash Cards
NTC Language Posters
NTC Language Puppets
Language Visuals

Exploratory Language Books
Let's Learn Italian Picture Dictionary
Let's Learn Italian Coloring Book
My World in Italian Coloring Book
Getting Started in Italian
Just Enough Italian
Multilingual Phrase Book
Italian for Beginners

Conversation Book
Basic Italian Conversation

Text and Audiocassette Learning Packages
Just Listen 'n Learn Italian
Italian for Children
Conversational Italian in 7 Days
Practice & Improve Your Italian
Practice & Improve Your Italian PLUS
How to Pronounce Italian Correctly
Lo dica in italiano

Italian Language, Life, and Culture
L'italiano vivo
Il giro d'Italia Series
  Roma
  Venezia
  Firenze
  Il Sud e le isole
  Dal Veneto all'Emilia-Romagna
  Dalla Val d'Aosta alla Liguria
Vita italiana
A tu per tu
Nuove letture di cultura italiana
Lettere dall'Italia
Incontri culturali

Contemporary Culture—in English
The Italian Way
Toto in Italy
Italian Sign Language
Life in an Italian Town

Italy: Its People and Culture
Getting to Know Italy
Let's Learn about Italy
Il Natale
Christmas in Italy

Songbook
Songs for the Italian Class

Puzzles
Easy Italian Crossword Puzzles

Graded Readers
Dialoghi simpatici
Raccontini simpatici
Racconti simpatici
Beginner's Italian Reader

Workbooks
Sì scrive così
Scriviamo, scriviamo

High-Interest Readers
Dieci uomini e donne illustri
Cinque belle fiabe italiane
Il mistero dell'oasi addormentata
Il milione di Marco Polo

Literary Adaptations
L'Italia racconta
Le avventure di Pinocchio

Contemporary Literature
Voci d'Italia Series
  Italia in prospettiva
  Immagini d'Italia
  Italia allo specchio

Duplicating Masters
Italian Crossword Puzzles
Basic Vocabulary Builder
Practical Vocabulary Builder
The Newspaper

Transparencies
Everyday Situations in Italian

Grammar Handbooks
Italian Verbs and Essentials of Grammar
Complete Handbook of Italian Verbs
Teach Yourself Italian Grammar
Teach Yourself Italian Verbs

Dictionaries
Beginner's Italian and English Dictionary
Zanichelli New College Italian and English Dictionary
Zanichelli Super-Mini Italian and English Dictionary

For further information or a current catalog, write:
National Textbook Company
a division of NTC Publishing Group
4255 West Touhy Avenue
Lincolnwood, Illinois 60646–1975 U.S.A.